C.H.BECK WISSEN

in der Beck'schen Reihe

Rom: Keine andere Stadt war so lange, so mächtig und so glanzvoll Mittelpunkt der Welt. Volker Reinhardt erzählt die Geschichte Roms von der Hirtensiedlung der Bronzezeit bis zur quirligen Metropole des 21. Jahrhunderts. Er erklärt, wie es zu dem einmaligen Aufstieg kam, geht dem Niedergang der antiken Metropole nach und schildert ihren erneuten Aufstieg als prachtvolles Zentrum der Christenheit. Dabei macht er eindrucksvoll deutlich, wie sich die politischen Auf- und Abschwünge in Architektur und Kunst der Stadt eingeschrieben haben – und dort bis heute sichtbar sind.

Volker Reinhardt, geb. 1954, ist Professor für Geschichte der Neuzeit an der Universität Fribourg. Bei C. H. Beck erschienen von ihm u. a. «Geschichte Italiens» (3. Auflage 2006), «Geschichte der Schweiz» (3. Auflage 2008) sowie «Der unheimliche Papst. Alexander VI. Borgia» (2007).

Volker Reinhardt

GESCHICHTE ROMS

Von der Antike bis zur Gegenwart

Verlag C. H. Beck

Mit 9 Abbildungen und 7 Karten

Originalausgabe

Satz: Kösel, Krugzell
Druck und Bindung: Druckerei C. H. Beck, Nördlingen
Umschlagmotiv: Kollonaden am Petersplatz,
Foto: image 100/Corbis
Umschlagentwurf: Uwe Göbel, München
Printed in Germany
ISBN 978 3 406 57714 7

www.beck.de

Inhalt

Aeneas flieht mit seinem Vater Anchises und seinem Sohn Ascanius aus dem brennenden Troja. In seiner 1618/19 geschaffenen Statue huldigt der zwanzigjährige Bernini dem römischen Gründungsmythos und zugleich dem Auftraggeber, dem Kardinalnepoten Scipione Borghese. Dieser wollte in der Treue und Fürsorge des Trojanerprinzen seine eigene Loyalität zu seinem Onkel, Papst Paul V., verherrlichen – eine typisch römische Wiederverwendung antiker Motive (Galleria Borghese).

I. Legenden und Ursprünge

Der Mythos lebt. Ende 2007 schlug der Streit um eine Grotte tief im Schoß des römischen Palatin-Hügels hohe Wellen. Hatten die Archäologen das uralte Heiligtum gefunden, in dem in der Antike der Zwillinge Romulus und Remus sowie der Wölfin, die beide säugte, gedacht wurde? In den italienischen Massenmedien lautete die Frage, zugkräftig verknappt, stattdessen: War der Ort entdeckt, an dem die treusorgende Wölfin die Zwillinge aufgezogen und damit der Welt Rom, den Mittelpunkt der Zivilisation bis heute, geschenkt hatte?

Bis heute scheint der Mythos lebendig zu sein, der in der Antike von den Römern für historische Wirklichkeit genommen wurde. Der Legende zufolge entkam der Trojanerprinz Aeneas mit seinem greisen Vater Anchises, seinem Sohn Ascanius und einigen Getreuen der Zerstörung seiner Heimatstadt Troja durch die Griechen und gelangte nach langen Irrfahrten schließlich, dem Willen der Götter gemäß, nach Süditalien. Dort begründete Aeneas nach wechselvollen Kämpfen gegen die Ureinwohner eine Herrschaft, welche die bodenständigen Latiner und die endlich zur Ruhe gekommenen Trojaner vereinte. Diese Befriedung setzte Ascanius fort, der die Stadt Alba Longa erbaute und als Julus, König der Latiner, unangefochten regierte – wie nicht wenige seiner Nachkommen in der Folgezeit. Dann aber brachen im Königshaus Zwist und Mord aus. Amulius, der Zweitgeborene des Königs Procas, verdrängte seinen erbberechtigten Bruder Numitor, tötete dessen Söhne und machte dessen Tochter Rhea Silvia zur Vestalin. Als solche war sie zur Keuschheit verpflichtet, wurde aber vom Kriegsgott Mars vergewaltigt und brachte die Zwillinge Romulus und Remus zur Welt. Diese wurden von Numitor in einer Wanne auf dem Tiber ausgesetzt und trieben ans Ufer, wo sie von einer Wölfin gefunden und in einer Grotte im Palatin-Hügel aufgezogen wurden. Doch das Schicksal lässt sich nicht überlisten. Die Identität der Findelkinder wurde aufgedeckt, Amulius bei einem Aufstand getötet und Numitor wieder in seine Rechte eingesetzt. Aus Dank erlaubte er den Zwillingen, am Ort ihrer Rettung eine eigene Stadt zu gründen. Dabei ergriff Romulus, von Vorzeichen gestärkt, die Führung und umgrenzte das künftige Siedlungsgebiet. Als Remus zum Spott über das bescheidene Mäuerchen sprang, wurde er von seinem Bruder erschlagen. Die neue Stadt zog nicht nur Flüchtlinge, sondern auch viele lichtscheue Elemente an. Und natürlich herrschte in einer so rauen Gesellschaft Frauenmangel. Um diesem abzuhelfen, luden die Römer die benachbarten Sabiner zum Festmahl ein, an dessen Ende der (in der abendländischen Kunst immer wieder gemalte) Raub der Sabinerinnen steht. Die Geraubten konnten in letzter Minute ein Blutbad verhindern. Romulus teilte seine Macht mit Titus Tatius, dem König der Sabiner. Rom trat seinen Weg in die Geschichte an.

Die von den Römern leidenschaftlich geglaubte Gründungsgeschichte verrät viel von ihrem Selbstverständnis im Lauf der Jahrhunderte. Zu «Rom» gehören Kämpfe um äußere Selbstbehauptung, innere Konflikte, die Allgegenwart des Krieges, die Bedeutung des Sakralen, der Vorrang der Ehre, der Wert der Treue und die Angst vor dem Treuebruch. Wer «Rom» sagt, meint mehr als eine Stadt. Ob zur Zeit des Augustus, ob im Jahre 500, 1000, 1500 oder 2007: Mit «Rom» steht die Gültigkeit einer Lebensform, der Gegensatz von Zivilisation und Barbarei zur Debatte. Auch das spiegelt sich in der Aufregung über die «Wolfsgrotte» wider.

In der ebenso mythengläubigen wie geschichtsbewussten Spätzeit der römischen Republik datierte der gelehrte Römer Varro (116–27 v. Chr.) die Gründung der Stadt auf den 21. April 753 v. Chr. Ausgrabungen auf und neben dem Palatin haben diese Zahl mehr als verdoppelt. Demnach entstanden die frühesten bronzezeitlichen Niederlassungen schon ab dem 16. Jahrhundert v. Chr. Der Raum, den sie erschlossen, war alles andere als privilegiert. Halbwegs siedlungstauglich waren nur die später legendären sieben Hügel: in der Mitte der Palatin, im Süden der Aventin, westlich davon der Caelius, im Norden bzw. Nordosten Quirinal, Viminal und Esquilin sowie im Nordwesten das Kapitol. In den Senken dazwischen lagen Sümpfe, die im Laufe der Zeit vor allem durch die kunstvolle Anlage der Cloaca maxima entwässert und von Unrat gereinigt wurden: das Murcia-Tal zwischen Palatin und Aventin, auf dessen Gelände sich später der gigantische Circus Maximus erhob, das so genannte Velabrum, an dessen Ostrand sich in der Folgezeit das Forum Romanum entwickelte, die Vertiefung der Ceroniae, wo heute das Kolosseum steht, und schließlich das «Tiberfeld» (später Marsfeld genannt) zwischen dem Fluss und dem Quirinal, das erst in nachantiker Zeit dichter besiedelt wurde. Zu einer einzigen Stadt wuchsen diese verstreuten Weiler erst viel später zusammen. Den Anstoß dazu lieferten die griechischen Kolonisatoren, die ab 770 v. Chr. im südlichen Italien ihre ureigene Lebensform, die Bürgergemeinde der Polis, verbreiteten. Doch zog sich der Prozess des Zusammenwachsens nochmals über anderthalb Jahrhunderte hin. Die soziale, politische und religiöse Ordnung, die am Ende dieser Entwicklung in Umrissen greifbar wird, war stark durch die etruskischen Städte im Norden geprägt. Familien aus diesem Raum dürften auch in Rom den Ton angegeben haben. Die Oberschicht bestand aus grundbesitzenden Familien, die sich zu *gentes*, clanartigen Sippenverbänden, zusammenfügten. Die Oberhäupter ihrer Zweige bildeten die bodenständige Elite.

Sie war durch Bündnisse mit «Freunden», *amici*, und durch weit ausgreifende Vernetzung nach unten, mit den so genannten *clientes*, verfugt. Diesen hatte das Familienoberhaupt Schutz und Förderung zu spenden; dafür schuldeten die Klienten ihm unbedingte Treue, vor allem in Form politischer Unterstützung. *Do ut des*, Ich gebe, damit du gibst – dieses Grundprinzip der römischen Gesellschaft bis heute hatte schon in den Anfangszeiten eine konkrete politische Dimension. So fest das Patriziat auch etabliert sein mochte, es war auf die Gefolgschaft seiner Klientel angewiesen. Dafür sorgten schon die ältesten staatlichen Institutionen. Neben dem Senat, dem einflussreichen Gremium der Großen, gab es Volksversammlungen, welche die führenden Ämter durch Wahl besetzten. Dazu kamen Könige etruskischen Ursprungs. Im Gegensatz zum republikanischen

Gründungsmythos, der den letzten von ihnen, Tarquinius Superbus, als Tyrannen anklagt, war ihre Herrschaft durch das Zusammenspiel mit dem Patriziat begrenzt. Umso unbeschränkter war, zumindest in der Theorie, die Macht des Familienchefs *(pater familias)* über seine Ehefrau, Kinder und sein Gesinde – bis hin zur Entscheidung über Leben und Tod. So gebot es die *mos maiorum*, die geheiligte Tradition. Der Glaube an ihre unangefochtene Gültigkeit verlieh der römischen Gesellschaft und dem sich aus ihr entwickelnden Staat seinen alles beherrschenden konservativen Grundzug. Er drückte sich in der Überzeugung aus, dass die Vergangenheit als Richtschnur für die Gegenwart und in Krisenzeiten als Ausgangspunkt der Erneuerung zu dienen habe. Diesem Geist entsprang das Bemühen, die Zukunft durch Orakel vorherzusagen; das Ungewisse berechenbar zu machen war die Hauptaufgabe verschiedener Priesterkollegien. Derselbe Konservatismus schweißte die herrschende Schicht zu einer homogenen Gruppe zusammen; Selbstprofilierung oder gar Personenkult waren lange Zeit ein Tabu.

Die Heiligkeit der Tradition aber verdammte nicht zur Stagnation, im Gegenteil. Nach außen erwies sich die Stadt als expansionsfähig wie keine andere; und auch im Inneren entwickelte sich nach schweren Kämpfen eine Fähigkeit zu pragmatischen Erneuerungen, die unumkehrbaren Veränderungen Rechnung trugen und sich als Wiederherstellungen älterer, besserer Zustände ausgeben ließen. Als solche wurden die Abschaffung der Monarchie und damit die Zurückdrängung des etruskischen Einflusses verstanden, die der weitgehend legendären Überlieferung nach im Jahre 509 v. Chr. erfolgten. Die Einrichtung der republikanischen Ordnung legitimiert sich im Mythos als ein Akt der Befreiung, der moralische Dekadenz beseitigt und die bessere Vergangenheit in neuen Formen wiederherstellt. Die jährlich jeweils paarweise gewählten Oberbeamten der Konsulen und Prätoren, der Senat, die Volksversammlungen sowie die Volkstribunen bildeten jetzt das Rückgrat einer «Verfassung», die allerdings als solche nie niedergeschrieben wurde. Versuche von Historikern des 19. Jahrhunderts, sie im Sinne einer modernen Konstitution zu fixieren, blenden den ungeachtet aller Ämter und Institutionen bestimmenden Einfluss der Klientelverbände und damit der Führungsschicht aus. Dasselbe gilt für die von dem Griechen Polybios um die Mitte des 2. Jahrhunderts v. Chr. präsentierte (und später immer wieder nachgeschriebene) Theorie, wonach Roms Staatsordnung als Mischung der drei «guten» Verfassungen Monarchie, Aristokratie und Demokratie gegen jede Form des Niedergangs exemplarisch gefeit sei.

Zu diesem institutionellen Gerüst kam die Bedeutung des gesetzten Rechts. Lange war es nur mündlich überliefert und damit ein Instrument patrizischer Herrschaft; um 450 v. Chr. erzwangen die Plebejer in den sogenannten Ständekämpfen seine schriftliche Fixierung. In Form der «Zwölf Tafeln» kodifiziert, war es jetzt auf dem Forum, dem Ort der politischen Entscheidungsfindung, öffentlich und einklagbar geworden. Im Inneren durch einen mühsam ausgehandelten ersten Ausgleich zwischen oben und unten gefestigt, schritt die römische Stadtrepublik bis zur Mitte des 4. Jahrhunderts trotz einzelner schwerer Rückschläge wie der Gallier-Invasion (der Überlieferung nach 387 v. Chr.) unaufhaltsam bei der Eroberung Mittelitaliens voran; dort wurden die Stämme der Latiner und Volsker unterworfen und zugleich durch eine geschickte Abstufung von Rechten eingebunden. Die militärische Ausdehnung des Herrschaftsgebiets, die innere Umgestaltung des Herrschaftssystems und die partielle Öffnung der Herrschaftsschicht verliefen auch weiterhin ineinander verschränkt. Die Plebejer, als nichtadelige Grundbesitzer zweiter Klasse ohne politische Rechte, hatten in den unablässig geführten Eroberungskriegen die Phalanx der Fußkämpfer gestellt und zusammen mit dem Nimbus der Unbesiegbarkeit beträchtliches Selbstbewusstsein gewonnen. Durch ihren Druck formierte sich die Elite nach den beschämenden Niederlagen gegen die Gallier neu. In dieser organisch erweiterten Führungsschicht waren jetzt auch die Chefs der wichtigeren plebejischen Familienverbände vertreten. Diese Ergänzung aber hatte keineswegs Zersplitterung oder gar Auflösung zur Folge, im Gegenteil: Mehr denn je trat diese neu verschmolzene Nobilität als eine nach außen wie nach innen geschlossene

Gruppe auf, in der Standesregeln die Amts- und Lebensführung strikt reglementierten.

Damit war ein Erfolgsrezept gefunden, das mit beispielloser Stetigkeit Expansion nach außen gewährleistete. Zeugen die ältesten (bei der heutigen Stazione Termini) erhaltenen Reste von Stadtmauern noch von der am Anfang des 4. Jahrhunderts v. Chr. notwendigen Defensive, so eroberte die Stadt am Tiber zunächst in nicht mehr abreißender Abfolge ganz Süditalien (bis ca. 270 v. Chr.); danach bezwang bzw. zerstörte sie in drei Kriegen, die ihr das Äußerste an Anstrengungen und Opfern abverlangten, das mächtige Karthago in Nordafrika (264–146 v. Chr.) und schwang sich um dieselbe Zeit zur Herrin Griechenlands und Kleinasiens auf. Die Zeitgenossen wie die Nachwelt aber faszinierte am stärksten die Unerschütterlichkeit, mit der die Stadt auch schwerste Niederlagen wie 216 v. Chr. bei Cannae gegen Hannibal hinzunehmen und wettzumachen verstand. Diese Standfestigkeit im Unglück wurde früh zum Kernbestandteil des Mythos, mit dem die Elite der Stadt, parallel zur Kampfkraft der Legionen, erfolgreich Politik betrieb.

2. Die Krise der Republik

Entgegen dem Mythos der Unveränderlichkeit hatte sich Rom durch die Eroberung des Mittelmeerraums tiefgreifend gewandelt. Durch die unaufhörlichen Siege hatte sich die ursprünglich ganz agrarisch geprägte Wirtschaftsordnung grundlegend verändert; die Ströme von Geld und Sklaven hatten zu Besitzkonzentrationen vorher unbekannter Größenordnung und zum Aufkommen einer Unternehmerschicht geführt, die als Steuerpächter und Bankiers riesige Vermögen anhäufte. Diese Entwicklung konnte nicht ohne Auswirkungen auf den Zusammenhalt der Nobilität bleiben. Die Konkurrenz um Ämter und Einfluss intensivierte sich in dem Maße, in dem Prestigegewinn durch neue Methoden und Medien angestrebt wurde. Schritte in diese Richtung waren im 3. Jahrhundert v. Chr. die aufwendigere und individuellere Gestaltung von Grabmälern. Den weiterhin konservativen Werten der Adelsrepublik entsprechend, sollten sie der Familie durch ruhmvolle Erinnerung an die Vorfahren Ansehen und Ehre in der Zukunft verschaffen. Öffentlich wurde dieser Kult der *memoria,* der den Nachkommen die Eigenschaften ihrer großen Ahnen zuschrieb, durch die Platzierung dieser Monumente an den großen Ausfallstraßen wie der Via Appia von Rom nach Brindisi; besonders aufwendig fiel die Anlage der Scipionen (bei der Porta di San Sebastiano) aus. Rang- und Vermögensunterschiede innerhalb der Nobilität wurden in der Folgezeit auch durch die immer prunkvoller gestalteten Wohnstätten der Lebenden veranschaulicht. Bezeichnenderweise setzte diese Entwicklung zuerst auf dem Lande ein, wo sich die rigorosen Normen der Selbstinszenierung leichter und weniger anstößig umgehen ließen; im 79 n. Chr. durch einen Vesuvausbruch zerstörten Landstädtchen Pompeji bei Neapel lassen sich solche Prunkbauten wie die sogenannte Casa del Fauno bis heute in Augenschein nehmen. Kaum weniger wirkungsvoll war das Medium der geschriebenen Geschichte. Die Darstellung der Vergangenheit war zugleich ihre Deutung – und damit Wertung und Werbung: Wer hatte sich die höchsten Verdienste um die Republik erworben? Über Nutzen und Nachteil dieser Entwicklungen wurde innerhalb der Führungsschicht erbittert debattiert. Von der griechischen Kultur und Lebensart geprägte Aristokraten wie der ältere Scipio, der Sieger des Zweiten Punischen Krieges, und Lobredner altrömischer Sittenstrenge wie Marcus Porcius Cato bezeichneten die Pole der Auseinandersetzung.

Dazu kamen weitere Symptome der Krise. An der Peripherie, in den neu gewonnenen Provinzen, stieß das traditionelle System der Eingliederung und Verwaltung an seine Grenzen; die Administration der eroberten Gebiete verkam immer mehr zur Bereicherung der Spitzenpolitiker, die ihre immensen Wahlkampfkosten durch die Ausplünderung der ihnen anvertrauten Gebiete wieder einzubringen versuchten. Und durch die Konzentration des Grundbesitzes in immer weniger Händen strömten immer mehr besitzlose Landbewohner in die Stadt, die zu einer immer unübersichtlicheren, ja chaotischen Metropole anschwoll. Um die Mitte des 2. Jahrhunderts v. Chr. zählte sie bereits 200 000 Einwohner. Diese Menschenmassen mussten mit Wasser und Getreide versorgt werden; Aquädukte und Magazine wurden aus dem Boden gestampft. Und Wohnraum wurde knapp; Mietshäuser konnten sich nur nach oben ausdehnen, was Einstürze und Feuersbrünste zur Folge hatte. Vor diesem Hintergrund spielte sich das Leben zum großen Teil auf der Straße ab – und im Zirkus. Die Plebs wollte unterhalten werden, «Brot und Spiele» war daher die römischste aller Parolen. Die Ausrichtung von Tierhetzen und Gladiatorenkämpfen wurde so zum wohl wirkungsvollsten Instrument, um Volkstümlichkeit und damit politischen Einfluss zu gewinnen.

Der Mentalität der Oberschicht entsprechend, suchte die politische Klasse Heilmittel gegen diese viel beklagten Erscheinungen des Niedergangs entweder in der hartnäckigen Verteidigung des Status quo oder in der Rückkehr zu den Ursprüngen. So lancierten zwischen 133 und 121 v. Chr. zwei junge Patrizier aus vornehmster Familie, Tiberius und Gaius Sempronius Gracchus, ein Programm, das ein sozialpolitisches «Zurück zu den heilen Anfängen!» verkündete. Die Vergangenheit jedoch ließ sich nicht wiederherstellen. Und so hatte der Versuch, sie heraufzubeschwören, wie so oft in der Geschichte nicht Befriedung im Zeichen der alten Werte, sondern revolutionäre Agitationen zur Folge. Die Kernforderung der Gracchen war die Aufteilung des Großgrundbesitzes an Landlose, wodurch die Keimzelle der römischen Größe, das altitalische Kleinbauerntum und mit ihm die Kampfkraft der Legionen, wiederhergestellt werden sollten. Solche Parolen fanden in der Volksversammlung Anklang und Anhang. Die Standesgenossen aber reagierten auf die beiden Abweichler mit wütendem Widerstand und am Ende mit Gewalt. Beide Gracchen starben in den Augen ihrer Anhänger als Märtyrer – und überlebten im Mythos als idealistische Sozialrevolutionäre bis in die Gegenwart.

Doch die konservative Senatspartei der Optimaten wurde ihres Triumphes nicht froh. Zuerst blamierten sich ihre Feldherren im Krieg gegen den an sich wenig bedeutenden Numidierfürsten Jugurtha durch militärische Unfähigkeit und Korruptionsaffären bis auf die Knochen. Schlimmer noch für sie: Derjenige, der sich als Retter der Stadt aus diesem Sumpf profilierte, war ein *homo novus,* einer der seltenen Seiteneinsteiger ohne Familientraditionen. Als solcher wandelte Gaius Marius, der Sieger über Jugurtha in Nordafrika und kurz darauf 102/101 v. Chr. gegen die weitaus bedrohlicheren Kimbern und Teutonen in Südfrankreich, die Armee grundlegend um. Sie öffnete sich jetzt den Massen der besitzlosen städtischen Proletarier, die sich für Jahrzehnte verpflichteten und den Legionen damit einen professionellen Charakter verliehen. Doch was das Militär an Schlagkraft zurück- bzw. dazugewann, büßte das politische Leben an Stabilität ein. Zwischen dem Feldherrn und seinen Soldaten nämlich entwickelte sich eine ausgeprägt klienteläre Beziehung. Sie erwarteten von ihrem Patron nicht nur Siege, sondern auch Beute und Belohnung, am nachdrücklichsten in Form von Land nach Ende ihres Dienstes. Die Politiker-Feldherren wie Marius gewannen so ein vorher ungekanntes Machtpotential, waren aber zugleich einem enormen Druck ausgesetzt, Treibende und Getriebene zugleich.

Die Schlussphase der Republik gestaltete sich ein Menschenleben lang als ein Dauerkonflikt zwischen Kriegsherren aus den Reihen der Nobilität, deren traditionelle Legitimation durch Wahl, Amt und Beachtung der *mos maiorum* immer weiter ausgehöhlt wurde. Das zeigte sich in den gut zwei Jahrzehnten des Bürgerkriegs zwischen den Anhängern des Marius und seines aristokratischen Gegners Sulla (bis 81 v. Chr.) daran, dass das römische Stadtgebiet, seit unvordenklichen Zeiten eine militärfreie Zone, Schauplatz der blutigen Kämpfe wurde. Nicht minder symptomatisch für die Auflösung der so lange verbindlichen Normen war die Proskribierung der Gegner, die für vogelfrei erklärt und ermordet wurden; dabei kam es zu regelrechten Massenhinrichtungen. Die inneren Tumulte konnten nicht ohne Folgen für Roms Stellung im Mittelmeerraum insgesamt bleiben. Zwischen 91 und 88 v. Chr. rebellierten die Bundesgenossen in Italien gegen die jahrhundertealte Vorherrschaft der Stadt am Tiber und zwangen diese zum Nachgeben. Ihr Zugeständnis: das Bürgerrecht für alle Freien in Italien südlich des Po. Um dieselbe Zeit rückte in Kleinasien König Mithradates VI. von Pontos gegen die Römer vor und richtete unter den italienischstämmigen Bewohnern der Provinz Blutbäder an, bis er von Sulla zurückgedrängt werden konnte. Dessen jahrelange Abwesenheit hatte wiederum den Machtwechsel in Rom zur Folge, wo die Marius-Anhänger ihrerseits eine Terrorherrschaft errichteten – bis sich nach der siegreichen Rückkehr des Sulla das Blatt erneut wendete.

Dieser fatale Rhythmus von Krieg außen und innen verlangsamte sich nur unwesentlich, als Sulla, zuletzt Diktator auf Zeit zur Neuordnung der Republik, im Jahre 79 v. Chr. von diesem Amt zurücktrat. In seinem Windschatten war eine neue Generation von Politikern emporgekommen, die ihre Lektionen in Sachen Selbstinszenierung, Krieg und innerer Konfliktführung gründlich gelernt hatten. Die wichtigsten von ihnen waren der in Kleinasien als General erfolgreiche Gnaeus Pompeius Magnus, der Plutokrat Marcus Licinius Crassus und der junge Patrizier Gaius Julius Cäsar. Dieser hatte sich schon auf den unteren Stufen der Ämterlaufbahn durch sagenhaft teure Spiele bekannt gemacht und horrend verschuldet. Als Gralshüter republikanischer Werte und Traditionen trat Marcus Tullius Cicero auf, ein «neuer Mann» aus dem südlich von Rom gelegenen Arpinum. Seine große Stunde hatte Cicero 63 v. Chr., als er die Verschwörung des Catilina, eines weiteren zu allem bereiten Patriziers, niederschlug. Doch konnte sich der große Redner und Philosoph, um die Vermittlung griechischer Kultur wie kein anderer verdient, in den nachfolgenden, immer verschlungeneren und gewaltsameren Machtkämpfen auf Dauer nicht behaupten. Mit ihm geriet das konservative Senatsmilieu gegenüber den Kriegsherren, die sich zu einem Triumvirat, einem Dreimännerbündnis, zusammenschlossen, ins Hintertreffen.

Von ihnen erwies sich der im Osten so erfolgreiche Feldherr Pompeius auf dem glatten Parkett der römischen Innenpolitik als wenig durchsetzungsfähig, der Geschäftsmann Crassus hingegen als erfolgloser Feldherr; im Kampf gegen die Parther verlor er im Osten 53 v. Chr. Feldzeichen und Leben. Als Militär und intrigengewandter Parteiführer zugleich profilierte sich allein der Jüngste im Bunde, Julius Cäsar. Auch er war, dem inzwischen eingespielten Rhythmus folgend, aus Rom aufgebrochen, um sich selbst Prestige sowie militärische Gefolgschaft und der Stadt neue Herrschaftsgebiete zu gewinnen; im Unterschied zu seinen Vorgängern verfasste er die Geschichte dieser Feldzüge selbst, als genialer Propaganda-Autor in Sachen eigener Größe. In seiner Geschichte des zwischen 58 und 51 v. Chr. geführten Krieges in Gallien schrieb er von sich selbst in der dritten Person: als umsichtiger Truppenführer, Vater seiner Soldaten und weiser Stratege, der vom Schicksal zu noch höheren Aufgaben ausersehen ist.

Mit seiner Rückkehr nach Italien, die durch die Überschreitung des Flusses Rubicon bei Rimini für alle Zeiten sprichwörtlich wurde, brach das Endstadium im Kampf um die Herrschaft über die Republik an. In der Zwischenzeit hatte sich Pompeius dem Senat angenähert. Das neue Bündnis brachte der Stadt zwar keinen inneren Frieden, wohl aber – mitten in einer Zeit extremer Hungersnot – prachtvolle Verherrlichungsbauten wie das 55 v. Chr. fertig gestellte Theater des Pompeius mit angeschlossenem Tempel der Siegesgöttin. Der Endkampf zwischen Cäsar und Pompeius spielte sich allerdings nicht in Rom, sondern in Griechenland ab, wo Cäsar bei Pharsalos im August 48 v. Chr. den entscheidenden Sieg errang. Natürlich schrieb der Triumphator seinen Erfolg sogleich ins Stadtbild ein. Seinem Image als Mann des Volkes entsprechend ließ er mit der saepta Julia ein prunkvolles neues Gebäude für die Abhaltung von Wahlen und dazu ein eigenes Forum errichten. Dessen Mittelpunkt war der Göttin Venus gewidmet, welche die gens Julia als Stammmutter für sich in Anspruch nahm – der Personenkult nahm religiöse Dimensionen an. Ein neues politisches System, das seine beherrschende Stellung in dauerhafte Bahnen hätte lenken können, vermochte der große Feldherr und Regisseur eigenen Ruhmes jedoch nicht zu begründen. Seine Ermordung am 15. März 44 v. Chr. verwickelte Rom und seine Provinzen nochmals in einen langen und blutigen Bürgerkrieg.

3. Der Prinzipat

Am Ende des Bürgerkrieges triumphierte der Ermordete über seine Mörder, und zwar in Gestalt seines von ihm testamentarisch adoptierten Großneffen, Gaius Octavius, dem der Senat 27 v. Chr. den Namen Augustus, der Erhabene, verlieh. Er begründete eine neue Staatsform, den von *princeps* (der Erste) abgeleiteten Prinzipat. Dieser lässt sich als eine virtuos verbrämte Monarchie mit aristokratischen Restelementen und einer ausgeprägt paternalistischen, dem Wohle der Massen ostentativ zugewandten Ausrichtung beschreiben; weitere Voraussetzungen waren militärische Erfolge und die Akzeptanz der Soldaten.

Auf den zwei Grundpfeilern der aristokratischen Zustimmung und der Akzeptanz durch das Volk, die sich durch Brot und Spiele herbeiführen ließ, beruhte von jetzt an in Rom jegliche Machtausübung. Was der Regierung des Augustus ihre unverwechselbaren Akzente verlieh, war der Zwang zur Verschleierung. Sie kulminierte in einer genialen Inszenierung: der Rückgabe der Macht an Senat und Volk. Damit wurden die Kräfte der Vergangenheit für diese umstürzende Innovation nutzbar gemacht; die Macht des Princeps erschien so als göttlich gestützte Wieder-in-Empfangnahme einer zeitgemäß erneuerten Tradition. Fünf Jahrhunderte republikanischer Staatlichkeit, Gesinnung und Ideologie forderten ihren Tribut. Augustus zollte ihn weiterhin dadurch, dass er seine Herrschaft nicht durch *potestas,* Amtsgewalt, sondern *auctoritas,* Einfluss, legitimierte, sich den Senatoren als Standesgenosse und dem Volk volkstümlich präsentierte. Herrschaft war zu einem komplexen Rollenspiel geworden. Wirkungsmächtig aber wurde die Inszenierung erst durch die Überzeugungsmacht der Bauten und Bilder.

Die Stadt wurde jetzt zur Bühne. Aufgeführt wurde das dauerhafte Schauspiel «Ruhm des Princeps», des Vollenders der römischen Geschichte, unter dessen Ägide ein neues Goldenes Zeitalter heraufzog. In diesem Stück trat Augustus in eigener Person, zum Beispiel bei religiösen Zeremonien, aber auch in Gestalt marmorner und bronzener Bildwerke sowie in mythologischen Masken und Kostümen auf: in zahlreichen restaurierten oder neu errichteten Tempeln als Stifter des Friedens und der Ordnung, als Wiederhersteller der Tradition, tatkräftiger Bekämpfer des Chaos, als Versöhner der Gegensätze und als Werkzeug der Vorsehung. Zentren der fieberhaften Bautätigkeit waren die Gegend um den Circus Maximus und das Marsfeld. In dessen Norden wurde mit der Ara Pacis, dem Friedensaltar, dem schon zu Lebzeiten des Princeps errichteten Mausoleum und einem riesigen ägyptischen Obelisken das zentrale Ruhmesensemble geschaffen. Dabei diente die Sonnennadel vom Nil als Zeiger einer gewaltigen Sonnenuhr; am 23. September, dem Geburtstag des Princeps, wanderte ihr Schatten zum Mittelpunkt des Friedensaltars. Frieden nach innen wie nach außen, Frieden als Versöhnung innerhalb der Elite, Frieden als Einheit des Princeps, seiner Familie und der Senatoren, Frieden als Harmonie zwischen Menschen und Göttern feierten die Reliefs des Altars so weihevoll, dass sich der städtische Raum zwischen diesem Monument und der letzten Ruhestätte des Augustus im Laufe der Zeit als Bühne für Neu-Inszenierungen geradezu aufdrängte.

Mindestens ebenso wirkungsvoll war die Propagandabotschaft, wenn der erste Kaiser nicht selbst als Auftraggeber in Erscheinung trat, sondern diese Aufgaben delegierte. So prangt an der Front des gewaltigsten aller Tempel, dem sämtlichen Göttern geweihten Pantheon, der Name seines Schwiegersohns Marcus Agrippa. Ruhmesträchtige Profanbauten rundeten das gewaltige Verherrlichungsprogramm aus Stein ab. Wie Cäsar ließ Augustus ein neues Forum errichten; unweit des Kapitols entstand ein neues Theater, welches dem Andenken des Marcellus, eines früh verstorbenen Neffen des Kaisers, gewidmet war.

Begleitet und vertieft wurde die Verwandlung der Stadt zu Propagandazwecken von einem nicht minder zielgerichteten Literatur-«Mäzenatentum», durch den Kaiser selbst und durch seine Vertrauten. Von ihnen verlieh Gaius Maecenas der selbstlosen Förderung der Kunst um ihrer selbst willen sogar den Namen. In Wirklichkeit hatten die Dichter jedoch das Ihre zum Ruhme des neuen Systems beizutragen. Vergil schenkte dem Regime in Gestalt seiner «Aeneis» die höchste literarische Ausgestaltung des römischen Gründungsmythos. Er wird nicht als abgeschlossene Vergangenheit, sondern als Auftrag und Verpflichtung für eine Gegenwart präsentiert, die sich seiner würdig, ja als Erfüllung der Geschichte schlechthin erweist. Horaz, im Bürgerkrieg auf der Seite der Augustus-Gegner aktiv, durfte sich durch Gedichte rehabilitieren, die das Hohelied altrömischer Tugenden sangen. Diese wiederzubeleben war der Sinn der augusteischen Sittengesetzgebung. Sie zielte auf die Wiederherstellung traditioneller Lebensformen von Familie und Ehe im Geist der *mos maiorum* ab, scheiterte jedoch daran, dass sich der Lebensstil der Aristokratie längst unumkehrbar gewandelt hatte, ja, für strenge Moralisten geradezu skandalös ausschweifend geworden war – nicht zuletzt im Schoße der kaiserlichen Familie selbst. Wer wie der Dichter Ovid mondäne oder gar frivole Töne anstimmte, musste daher mit Ungunst und Verbannung rechnen.

Dynastische Kontinuität – das Endziel aller Systemumwandlung und der sie begleitenden Propaganda – ließ sich ungeachtet aller Anstrengungen nur sehr begrenzt erreichen. Zwar vollzog sich der Herrschaftswechsel beim Tode des Augustus im August 14 n. Chr. gleitend, doch mehrten sich bereits unter seinem Nachfolger Tiberius die Symptome der Irritation zwischen Kaiser und Senatoren, der Nahtstelle des Systems. Allzu rasch erwies sich, dass eine harmonische oder gar kollegiale Kooperation, wie von Tiberius angestrebt, in Anbetracht der Machtfülle des Princeps illusorisch war. Die jüngeren Vertreter des julisch-claudischen Herrscherhauses, Caligula und Nero, interpretierten die ihnen zufallende Rolle denn auch ganz anders, nämlich im Sinne unumschränkter Machtfülle. Kaiser Neros Selbstdarstellung als Bühnenkünstler bei gleichzeitigem Terrorregiment über den Adel beraubte die Dynastie schließlich jeglicher Reputation. Der zwei Tage lang im Juli 64 wütende Stadtbrand verheerte die Viertel um den Circus Maximus, den Palatin und den Friedenstempel fast vollständig; weitere Quartiere wurden schwer in Mitleidenschaft gezogen, insgesamt dürften mehr als 10 000 Mietshäuser zerstört worden sein. Die Schuld an diesem Unglück wurde der noch jungen Christengemeinde am Tiber zugeschoben, die daraufhin schwere Verfolgungen erlitt. Beim Wiederaufbau reservierte sich der Kaiser erkleckliche Flächen in bester Lage, um dort seinen neuen Palast, die sogenannte Domus aurea, errichten zu lassen. Der riesenhafte Komplex erstreckte sich vom Palatin bis zum Esquilin und brachte seinem Bauherrn Wohnkomfort von orientalischer Pracht, aber zugleich den Ruf der rücksichtslosen Verschwendung, ja eines «unrömischen» Luxus ein.

Neros Selbstmord im Juni 68 zog Thronfolgewirren nach sich, aus denen mit Titus Flavius Vespasianus der erfolgreichste Truppenkommandeur als Sieger hervorging. Seine im Verhältnis zu den altadeligen Nachfolgern des Augustus bescheidenen sozialen Ursprünge sollte der Ruhm des Sieges über das aufständische Judäa verdecken, den sein Sohn Titus vollendete und mit einem glanzvollen Triumphzug feierte; er ist im Titusbogen auf dem Forum Romanum verewigt. Als Aufsteiger waren Vespasian und seine Söhne auf wirkungsvolle Propaganda angewiesen. Ihre Prestigeformel lässt sich als Volkstümlichkeit und gesunder Menschenverstand zusammenfassen. Hatte Nero in seinem pharaonenhaften Palastneubau der Domus aurea auf dem Oppiushügel orientalisch anmutende Prunksucht und Verschwendung an den Tag gelegt, so setzten Vespasian und sein Nachfolger Titus darauf, sich von dergleichen «unrömischem» Personenkult so vorteilhaft wie möglich abzuheben. In diesem Sinne ließen sie zwischen der (Namen gebenden) Kolossalstatue des Nero und dessen Residenz das Kolosseum, das Flavische Amphitheater, errichten, das der Unterhaltung der städtischen Massen durch blutige Spiele eine Bühne ohnegleichen schuf. Schon Vespasians zweiter Sohn und Nachfolger Domitian (81–96) aber schwenkte, was Herrschaftspraxis und Herrschaftsdarstellung betraf, wieder in neronische Bahnen ein. In unüberbrückbarer ideologischer Opposition zu Domitians Auffassung vom Princeps als dem unumschränkten Herrn seiner Untertanen stand der Historiker Tacitus, der die Geschichte des

Prinzipats im Rückblick eines Jahrhunderts als fortschreitenden Verlust von Freiheit und Würde und damit der römischen Identität beschrieb. «Cäsarenwahnsinn» wurde von dieser Seite als moralische Degeneration durch die Verführung unumschränkter Macht diagnostiziert, als Krankheit, ja historischer Betriebsunfall somit. Nüchterner ist dahinter ein unvereinbares Verständnis des Herrscheramts zu sehen. In den Augen der Aristokratie erfüllte ein autokratisch auftretender Kaiser seine Rolle nicht. Diese nämlich bestand darin, den wechselseitigen Austausch des Gebens und Nehmens zwischen ihm und der Elite zu gewährleisten, anstatt einseitig Leistungen einzufordern; dazu gehörte auch eine Form der Kommunikation, die dieses Vertrauensverhältnis symbolisch bezeichnete.

Weitgehend unberührt von den Erschütterungen in der Hauptstadt blieb das römische Herrschaftsgebiet; zwischen Britannien im Westen und dem Zweistromland im Osten fehlte es an Gegnern, welche die inneren Turbulenzen hätten ausnutzen können. Von der Katastrophe des Varus abgesehen, dessen Niederlage in der Schlacht im Teutoburger Wald 9 n. Chr. den Verlust von drei Legionen und großer Teile Germaniens zur Folge hatte, vermochte sich das Imperium nicht nur zu behaupten, sondern sogar weiter zu vergrößern, bis unter dem Feldherrn-Kaiser Trajan (98–117) mit der Eroberung Daciens, dem Gebiet des heutigen Rumänien, die größte Ausdehnung erreicht war. Trajan, unter dem sich auch die inneren Verhältnisse durch Einvernehmen zwischen Kaiser und Senat stabilisierten, stammte aus Spanien – ein Indiz unter vielen, dass Rom in seinem eigenen Reich aufzugehen begann und sich die Definition dessen, was als römisch gelten durfte, allmählich vom Mittelpunkt an die Peripherie verlagerte.

Für die Römer selbst war dieser Prozess im 2. Jahrhundert n. Chr. noch am wenigsten spürbar. Die Kaiser residierten weiterhin in ihrer angestammten Hauptstadt und statteten sie wie Hadrian (117–138) und noch Septimius Severus (193–211) mit den vertrauten Herrschaftszeichen und Repräsentationsbauten – Tempeln, Mausoleen, Triumphbogen – aus. So ließ Hadrian den Bau des Pantheons prachtvoll erweitern und sein gewaltiges

Grabmal am Tiberufer errichten, Septimius Severus seinen Triumphbogen zur Erinnerung an den Sieg über die Parther am Aufgang vom Forum zum Kapitol erbauen. Unter den zunehmend mit dem römischen Bürgerrecht versehenen Oberschichten des Imperiums aber hatte sich längst eine Vorstellung dessen verbreitet, was «römische» Lebensform bedeutete. Bei allen Eigentümlichkeiten im einzelnen hatten sich dabei fest verwurzelte Standards herausgebildet: Verrechtlichung, Bildung, gehobene materielle Kultur in Stadthaus und ländlicher Villa, Vielfalt der Religionen zusammen mit den staatstragenden Kulten und der Verehrung der nach ihrem Ableben vergöttlichten Kaiser, klienteläre Vernetzung untereinander und mit den Mittelschichten, Brot und Spiele für die Massen. Doch das war, wie sich schon bald zeigen sollte, der Wertekanon einer Elite. Darunter bestanden lokale, miteinander viel weniger vereinbare Mentalitäten, Weltsichten und Kulte fort. In den Krisen der nachfolgenden Jahrhunderte sollten sie sich häufig als lebenskräftiger erweisen.

Als Störenfried unter den zahlreichen in der Regel mehr oder weniger friedlich koexistierenden Glaubenslehren fiel, von der Spitze des Reiches her betrachtet, phasenweise das Christentum auf. Schon das Judentum war den römischen Eroberern mit seinem Monotheismus, seiner Bildlosigkeit und seiner messianischen Erwartung zutiefst fremd geblieben. Im Falle der Christen wechselten sich Phasen der Duldung und der politisch motivierten Verfolgung bis zum Anfang des 4. Jahrhunderts ab. Für die Christen selbst wurde Rom, obwohl offizielles Zentrum der heidnischen Kulte, auf eigene Art zum Mittelpunkt. Alter Überlieferung nach hatte Petrus, der Nachfolger Christi, im Zirkus des Nero auf dem mons Vaticanus durch Kreuzigung den Tod für seinen Glauben erlitten; Paulus, der Heidenapostel, war außerhalb der Stadt am Weg nach Ostia hingerichtet worden, als römischer Bürger durch Enthauptung. Für die Anhänger der christlichen Erlösungslehre war die Hauptstadt der Cäsaren die vom Blut der Märtyrer geheiligte Stätte.

4. Von Kaisern zu Päpsten

Im Jahre 212 verlieh Caracalla, Sohn und Nachfolger des Septimius Severus, allen freien Bewohnern des Imperiums das römische Bürgerrecht. Römer zu sein hieß endgültig nicht mehr, an einem bestimmten Ort zu leben und seltene Privilegien zu genießen, sondern bezeichnete einen Rechtsstatus und das Bekenntnis zu einem umfassenden Ordnungsgefüge, in der Politik wie im Alltag. Roms symbolische Bedeutung wuchs über seine tatsächlichen Funktionen weit hinaus. Ja, die Stadt am Tiber wurde jetzt geradezu für unsterblich erklärt. Denn auch die christlichen Theologen akzeptierten den Mythos – und formten ihn zugleich in ihrem Geiste um. Im Gegensatz zu so vielen Weltreichen seit Ägypten und Babylon konnte Rom – so die christliche Ewigsprechung – erst am Jüngsten Tag, am Ende der Geschichte, untergehen. Bei aller Weltflucht und Machtverneinung, die das Christentum im Hinblick auf den unaufhebbaren Gegensatz zwischen dem vom Teufel beherrschten Reich der Welt und dem unsichtbaren Reich Gottes verkündete, ließen sich zur Ewigen Stadt doch mancherlei Brücken schlagen. Es konnte kein Zufall sein, dass der Erlöser gerade unter der Herrschaft des Augustus geboren wurde – Rom musste der Welt erst den Frieden bringen, bevor der Gottessohn sein Erlösungswerk verrichten konnte. Durch diese theologischen Einbürgerungen ließ sich die Ewige Stadt schließlich in eine neue Herrschaft in einem neuen Reich, dem der Päpste, integrieren; Voraussetzung dafür war allerdings, dass sie sich in einem andauernden Prozess der Umwidmung und Umwertung neu deuten, ja mit einem neuen Wesen versehen ließ. Diese Verwandlung zog sich über Jahrhunderte hin und verlief alles andere als konfliktfrei.

Für die an den alten Göttern festhaltende senatorische Elite brachen im 3. und 4. Jahrhundert schwere, nicht selten demütigende Zeiten an. Die Kaiser – Roms Geldgeber, Bauherrn und

Sinnstifter – weilten jetzt überwiegend bei den Legionen an den Grenzen des Imperiums, das sich in die Defensive gegen «barbarische» Völkerschaften gedrängt sah. Die militärisch bedingte Abwesenheit des Reichsoberhaupts deckte gravierende Herrschaftsschwächen auf. Es fehlte dem überdehnten Herrschaftsgebiet an institutionellem Unterbau und damit an Stetigkeit sowie innerer Stabilität; diese wurde im halben Jahrhundert nach 235 durch ununterbrochene Usurpationen der Kaiserwürde vollends untergraben. So wurde die Tausendjahr-Feier Roms am 21. April 248 in einer düsteren Gegenwart gefeiert; umso kühnere Hoffnungen richteten sich auf einen glanzvollen Neuanfang. Ausrichter der aufwendigen Millenniums-Spiele war ein Kaiser mit dem exotischen Namen Philippus Arabs; auch er weilte schon im darauf folgenden Jahr nicht mehr unter den Lebenden.

Stabilität brachte erst der vom Balkan gebürtige Kaiser Diokletian zurück, der ab 284 das Riesenreich in getrennte Herrschaftsbezirke aufteilte. Künftig sollten zwei «Oberkaiser» mit dem Titel «Augustus» und zwei «Cäsar» genannte «Unterkaiser» das Imperium regieren (Tetrarchie). Natürlich gab es für die vier Herrschaftsbezirke auch vier Hauptstädte: Nikomedeia in Kleinasien, Thessaloniki, Mailand und Trier. Rom war als Residenz nicht mehr vorgesehen. Dessen ungeachtet blieb die Stadt am Tiber der ideologische und religiöse Mittelpunkt des Imperiums. Und auch mit Großbauten wurde sie jetzt wieder bedacht. Der Mauerring des Kaisers Aurelian aus den 270er Jahren war eine Investition in eine Sicherheit, die in diesen rauen Zeiten nicht mehr selbstverständlich war. Die riesenhaften Thermenanlagen Diokletians hingegen sollten die verwöhnten Ex-Hauptstädter bei Laune halten; sie bezeugen die Kontinuität, mit der auch die abwesenden Kaiser die uralten Verpflichtungen in Sachen «Brot und Spiele» zu respektieren bestrebt waren. Dabei waren die Unterhaltungsbedürfnisse der Massen noch das kleinere Problem. Für die immer mühsamere Brotversorgung war eine ganze Behörde, die Annona, zuständig, die schon in republikanischer Zeit die Ausgabe von verbilligtem bzw. kostenlosem Getreide an die Plebs vorgenommen hatte. Das Amt ihres Präfekten wurde immer mehr zur Schlüsselposition der inneren Politik.

Das System der Tetrarchie erwies sich bald als künstlich und nicht überlebensfähig. Der Aufstieg des neuen starken Mannes aber war mehr als einer der vielen Machtwechsel, wie sie das Imperium seit einem Menschenalter erschüttert hatten. Mit dem Sieg Konstantins über seinen Rivalen Maxentius an der Milvischen Brücke vor den Toren Roms am 28. Oktober 312 bahnte sich eine der folgenreichsten Weichenstellungen der Geschichte überhaupt an, nämlich die Etablierung des Christentums als Staatsreligion sowie dessen Ausbreitung innerhalb des Imperiums. Daher wurde die Regierung des neuen Augustus Konstantin mit Legenden umrankt. So stellte die spätere Kirchengeschichtsschreibung den Bischof der römischen Kirche, Silvester, in den Vordergrund und degradierte den in Wahrheit die Religionspolitik beherrschenden Kaiser zum Statisten. Ihren Gipfel erreichte diese Traditionsbildung mehr als vierhundert Jahre nach Kontantin, als ein unbekannter Fälscher das sogenannte Constitutum Constantini verfasste. Als Dank für die Heilung vom Aussatz habe Konstantin Papst Silvester, den Stellvertreter Christi auf Erden, als seinen Herrn anerkannt, ihm die Oberhoheit über Rom und das Reich verliehen und daraufhin am Bosporus seine neue, nachgeordnete Hauptstadt Konstantinopel gegründet.

Der historische Kern der Legende besteht darin, dass Konstantin den Sieg an der Milvischen Brücke mit dem Kreuz im Feldzeichen errang, den christlichen Kult legalisierte, finanziell unterstützte und im Staatsdienst favorisierte. Darüber hinaus ließ er zahlreiche Kirchen im Stil der Basiliken, kaiserlicher Prunkhallen, bauen: die Peterskirche auf dem Vatikan, die Kirche des Bischofs von Rom auf dem Lateran sowie die Basiliken S. Croce in Gerusalemme und S. Sebastiano über den gleichnamigen ausgedehnten Katakomben. Trotz des Empfangs der Taufe am Ende seines Lebens plante Konstantin keine religiöse Alleinherrschaft des Christentums; dazu war der Einfluss der dem alten Glauben zugewandten Kreise, vor allem in Rom, weiterhin zu groß. Doch lief es in der Folgezeit – gelegentlicher

Ein Ausschnitt aus der Propagandaschlacht zwischen Papst und Kaiser im Jahre 1246: Auf dem Fresko der Silvesterkapelle bei SS. Quattro Coronati überträgt Kaiser Konstantin die Abzeichen der obersten Reichsgewalt an Papst Silvester, der ihn zuvor durch die Taufe vom Aussatz geheilt hatte. Spätere Kaiser wie Otto III. haben diese Schenkung als unerlaubte Schwächung ihrer Herrschaft bekämpft. Der Humanist Lorenzo Valla erwies sie 1440 als Fälschung.

Gesten des Wohlwollens an die Adresse nichtchristlicher Eliten ungeachtet – immer deutlicher auf eine solche Monopolstellung hinaus. Unter Konstantins Nachfolger wurden die heidnischen Tempel geschlossen (356) bzw. enteignet (364). Ja, selbst die Kaiser mussten jetzt damit rechnen, von der Kirche gemaßregelt zu werden – neue Machtverhältnisse zeichneten sich ab. So wurde mit Theodosius (379–395) der letzte Kaiser, der das gesamte Reich regierte und darin die heidnischen Kulte endgültig aufhob, vom Mailänder Bischof Ambrosius exkommuniziert, d. h. aus der Gemeinschaft der Gläubigen ausgeschlossen, und erst nach öffentlicher Kirchenbuße wieder aufgenommen.

Die Aufteilung des Imperiums in eine West- und eine Osthälfte unter seinen Söhnen Honorius und Arcadius hatte für Rom einen weiteren Niedergang zur Folge. Gefahr drohte von den auf

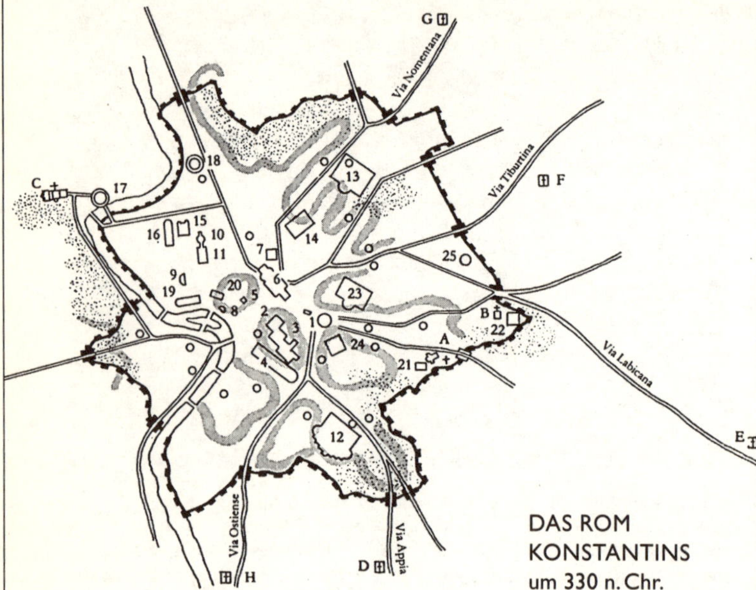

DAS ROM KONSTANTINS um 330 n. Chr.

ANTIKE DENKMÄLER

1. Kolosseum
2. Forum Romanum
3. Palatin
4. Circus Maximus
5. Kapitol
6. Kaiserforen
7. Trajansmarkt
8. Marcellustheater
9. Theater des Pompejus
10. Pantheon
11. Agrippathermen
12. Caracallathermen
13. Diokletiansthermen
14. Konstantinsthermen
15. Thermen des Alexander Severus
16. Stadion des Domitian (Piazza Navona)
17. Hadriansmausoleum (Castel S. Angelo)
18. Augustusmausoleum
19. Circus Flaminius
20. Portikus der Octavia
21. Castra Equitum Singularium
22. Sessorium
23. Trajansthermen
24. Claudianum
25. Minerva Medica

GÄRTEN

CHRISTLICHE BAUTEN

O *Tituli*

Kirchen:

A. Lateranbasilika
B. S. Croce

Begräbnisbasiliken und Märtyrerkirchen:

C. St. Peter
D. S. Sebastiano
E. SS. Marcellino e Pietro
F. S. Lorenzo
G. S. Agnese
H. Schrein des heiligen Paulus

Reichsboden angesiedelten germanischen Stämmen, die sich mit ihrem untergeordneten Status als Bundesgenossen nicht mehr begnügen mochten. Die Plünderung der Ewigen Stadt durch die Westgoten im August 410 – fast 800 Jahre nach der letzten Einnahme der Stadt durch die Gallier – bildete eine symbolische Zäsur, die den großen Theologen Augustinus aus Nordafrika zum Nachdenken über Geschichte, Vergänglichkeit und Ewigkeit anregte. 45 Jahre später taten es die Vandalen den Westgoten nach. Rom, so schien es, war eine Stadt unter anderen geworden.

Doch neue Aufgaben und Würden ließen nicht auf sich warten. In der zweiten Hälfte des 4. Jahrhunderts hatten sich die Bischöfe der Stadt mit der Forderung nach einem uneingeschränkten Primat in der Kirche immer entschiedener zu Wort gemeldet. Dieser Führungsanspruch wurde nicht mehr nur durch die Martyrien der Apostel, sondern immer stärker dadurch begründet, dass dem Nachfolger Petri als Stellvertreter Christi auf Erden eine uneingeschränkte Hoheit gebühre. Wer bzw. was alles unter diese Herrschaft fiel, ließ sich unterschiedlich auslegen, je nach dem, wie man das Reich dieser Welt und seine Kompetenzen von dem des Himmels abgrenzte. Welchen Reichtum und Einfluss die Kirche in Rom bei gleichzeitigem Niedergang der politischen Institutionen in der ersten Hälfte des 5. Jahrhunderts bereits besaß, machen Ausmaße und Ausstattung der Kirche Santa Maria Maggiore deutlich. Sie zeigt trotz späterer Veränderungen mit ihren Säulen und Mosaiken eindrucksvoll, wie die Majestät der Architektur und die Pracht der Bilder die übernatürlichen und überzeitlichen Wahrheiten des Evangeliums veranschaulichen und so, durch die Überzeugungskraft der Sinneseindrücke, zum Glauben führen sollten; diesem religionspädagogischen Programm blieb das Papsttum mit wechselnden Akzentsetzungen bis zum Ende seiner weltlichen Herrschaft verpflichtet. Zugleich zeigt die Prunkbasilika auf dem Esquilin an, wie weit sich das Christentum von seinen Anfängen – Versammlungen in schlichten Privathäusern oder Scheunen und kargen Begräbnisorten in dunklen Katakomben – entfernt hatte. Für spätere Kirchenreformer hatte die Verfallszeit eingesetzt.

5. Dunkle Jahrhunderte

Die Päpste sahen das naturgemäß anders. Sie verwiesen darauf, dass der Bischof von Rom durch den Zwang der Umstände zum Treuhänder einer weltlichen Macht wurde, die er keineswegs erstrebt hatte und ausschließlich zum Wohle der Armen und Bedürftigen ausübte. Als Beleg dafür diente die Regierung Papst Leos des Großen (440–461), der 452 dem Hunnenkönig Attila nach Mantua entgegen reiste, um ihn von der Verwüstung Roms abzuhalten. 1513 hat der Maler Raffaelo Sanzio in seinem Fresko der Vatikanischen Stanzen das Ereignis in die römische Peripherie verlegt. Vor Roms Mauern muss der wilde Wüterich umkehren, denn die Apostel Petrus und Paulus weisen ihn, vom Himmel herabschwebend, zurück. Die Botschaft lautet also: Rom ist das Refugium des Friedens. Denn hier regiert der von Gott geschützte Stellvertreter Christi auf Erden.

Doch bis es soweit war, folgten wechselnde Abhängigkeiten aufeinander. Nach der Absetzung des letzten weströmischen Kaisers Romulus Augustulus im Jahr 476 brachte die Herrschaft des ostgotischen Königs Theoderich (493–526) eine Stabilität, die unter seinen Nachfolgern verloren ging. Die Rückeroberung Italiens durch Kaiser Justinian zog ab 535 auch die Ewige Stadt schwer in Mitleidenschaft. Ihre Tage als Metropole waren gezählt; von jetzt an lag die Zahl der Einwohner am Tiber für lange Zeit bei etwa 30 000, in Krisenzeiten war sie sogar noch niedriger. Der Aurelianische Mauergürtel umschloss eine schrumpfende Stadt.

Seit 590 veränderten sich die Machtverhältnisse Italiens durch die Invasion der Langobarden entscheidend. Die Siedlungsgebiete der Eroberer lagen zwar überwiegend nördlich bzw. mit dem Herzogtum Benevent südlich von Rom, doch wurde ihre Herrschaft auch für die Päpste folgenreich. An der Peripherie des oströmischen Reiches gelegen, dessen Kaiser sie gegen die von Norden drohenden Gefahren nicht zu schützen vermochten und die sich zudem, schlimmer noch, cäsaropapistisch als Herren der Kirche und ihrer Lehre gebärdeten, sahen sich die Nachfolger Petri am Tiber gezwungen, neue Wege zu gehen. Sie zeichneten sich bereits unter Papst Gregor I. (590–604) ab, der in Zeiten der Hungersnot mit den Mitteln der Kirche die Versorgung der Stadt mit Getreide und damit eine traditionell dem Herrscher zufallende Rolle übernahm. Vier Jahre nach seinem Tod widmete sein dritter Nachfolger Bonifaz IV. den stolzesten Tempel der Kaiserzeit, das Pantheon, zur Kirche S. Maria ad martyres um – auch das ein Zeichen der Zeiten, die da kommen sollten.

Nicht nur im Stadtgebiet rückten die Päpste jetzt Schritt für Schritt in Aufgaben und Würden des Kaisers ein. Wirtschaftlich wie politisch war Rom weiterhin darauf angewiesen, ein ausgedehntes Landgebiet zu beherrschen. Ziel der Päpste musste es sein, diesen «Dukat von Rom», wie es die oströmische Herrschaftssprache nannte, zum «Patrimonium Petri», zum unverlierbaren Besitz des Heiligen Petrus und seiner Amtsnachfolger zu erheben. Bis daraus ein Kirchenstaat entstand, der diesen Namen verdiente, sollte es bis etwa 1200 dauern. Doch die Institution Papsttum, die sich als überzeitlich verstand, hatte Zeit. Obwohl immer wieder durch Gegenpäpste, Absetzungen und sogar gewaltsame Liquidierungen von Amtsinhabern erschüttert, vermochte sie einen Willen zur Herrschaft auszubilden, der in der europäischen Geschichte ohne Beispiel ist – und abzuwarten, bis der historische Augenblick gekommen war.

Der Zeitpunkt, sich vom Byzantinischen Reich zu lösen, stellte sich um die Mitte des 8. Jahrhunderts ein. Dazu trugen theologische Streitigkeiten über das von den Kaisern dekretierte Verbot der Bilder bei, dem Rom seine Zustimmung verweigerte; doch sprach vor allem die veränderte machtpolitische Situation für eine Umorientierung nach Westen. Zum einen unternahm das langobardische Königtum eine Offensive gegen das Exarchat Ravenna, den byzantinischen Vorposten auf der Halbinsel. Zum anderen zeichnete sich mit dem fränkischen Königtum eine neue, rasch aufsteigende Macht ab, deren Bedeutung das

Papsttum hellsichtig erkannte. Das Bündnis Papst Stephans II. mit Pippin III. im Jahre 754 erfüllte alle Bedingungen des wechselseitigen Gebens und Nehmens. Der fränkische Herrscher, dessen Familie die legitime Dynastie der Merowinger erst kürzlich verdrängt hatte, gewann Legitimität. Dem Nachfolger Christi hingegen versprach der König die Gebiete der Langobarden. Überdies sicherte er dem Papsttum politische und militärische Unterstützung an allen Fronten zu: gegen die langobardische Monarchie, die von der fränkischen Militärmaschinerie unter dem neuen König Karl schon 774 gestürzt wurde, gegen byzantinische Ansprüche, die sich in Anbetracht der neuen Machtverhältnisse von selbst erübrigten, aber auch gegen innerrömische Opposition. Ihr entzog Karl im Jahre 800 den Boden, als er sich am Weihnachtstag von Leo III. in der Peterskirche zum Kaiser krönen ließ; die gegen diesen Papst vorgebrachten Anklagen wegen Meineids und anderer Vergehen wurden auf diese Weise gegenstandslos. Die Voraussetzungen für eine neue Machtstellung waren geschaffen.

Bekleiden aber konnte sie vorerst kein Papst. Politisch trat der Stellvertreter Christi ganz hinter dem alles beherrschenden Einfluss des fränkischen Monarchen zurück. Erst der Niedergang der karolingischen Dynastie schuf um die Mitte des 9. Jahrhunderts neue Machtchancen, aber auch ein Vakuum und neue Risiken. Sie erwuchsen dem Papsttum ganz überwiegend aus Rom und seinem ländlichen Einzugsgebiet. Dort nämlich hatte sich eine Aristokratie herausgebildet, die zwar antike Ursprünge für sich in Anspruch nahm, doch in Wirklichkeit aus neu aufgestiegenen Familien bestand. Ihre Machtbasis war doppelt, auf die Herrschaft in der Campagna, im römischen Landgebiet, und auf den Vorrang innerhalb der Stadt gegründet. Für das Papstamt musste sich diese Vorherrschaft einer regionalen Elite in einem politisch zersplitterten Italien bedrohlich gestalten. Es lief Gefahr, zum Spielball rivalisierender Adelssippen herabzusinken und auf diese Weise die noch keineswegs gefestigte Führungsstellung innerhalb der Kirche zu verspielen. Zudem musste diese Dominanz der stadtrömischen Adelsclans immer dann, wenn eine neue Macht in Europa zur Führung aufstieg, Gegenreaktionen in Form politischer Bevormundung und Abhängigkeit hervorbringen. Die Idee der *translatio imperii*, der Übertragung von Würde und Herrschaft des römischen Reiches an die nördlichen Völkerschaften der Franken und später der Deutschen, war geboren; wer immer danach strebte, die Kaiserwürde zu bekleiden, bedurfte jetzt der Legitimation durch den Nachfolger Petri. Erneut gewannen jetzt die Nichtrömer die Deutungshoheit darüber, was «Rom» und «römisch» bedeuten sollte. Mehr noch: Sie waren gesonnen, diese Vorstellungen auch gegen die widerspenstigen Römer selbst durchzusetzen. So sehr der römische Stadtadel jetzt auch ein Dasein in seliger Abgeschiedenheit und Selbstgenügsamkeit vorgezogen hätte – dieses Schicksal war der Ewigen Stadt nach Ansicht der Theologen, Geschichtsdenker und Herrscher Europas nicht beschieden. Rom war zur geschichtlichen Bedeutung verdammt, seine Geschichte und der daraus abgeleitete Mythos hatten die Oberhand über die Gegenwart gewonnen.

Um die Mitte des 9. Jahrhunderts brach so eine Zeit extremer Kontraste an. Auf Phasen, in denen das Papsttum und seine Hauptstadt wie während des Pontifikats Nikolaus I. (858–867) im Mittelpunkt der europäischen Politik standen, folgten Zeiten der Provinzialität, ja der Obskurität, am krassesten unter der Vorherrschaft der Grafen von Tusculum und ihrer Verwandten zwischen dem Beginn des 10. und der Mitte des 11. Jahrhunderts. Unter diesen Tuscolaner- und Crescentier-Päpsten war ein absoluter moralischer und politischer Tiefpunkt erreicht – so urteilte selbst die quasi offizielle Kirchengeschichte des Kardinals Cesare Baronio (1538–1607) in der Ära der Katholischen Reform. Päpste wurden je nach Belieben ein- oder abgesetzt, manchmal auch ermordet; ihre Auswahl geschah nach rein politischen Kriterien, ohne Rücksicht auf Bildung, Würde und Alter. Das Amt wurde auf diese Weise zum politischen Faustpfand, konnte verkauft, zurück erworben und auch von mehreren Konkurrenten zugleich beansprucht werden. Diese Zustände, die sich unter dem Pontifikat Johannes' XII. (955–963) besonders skandalös gestalteten, riefen den deutschen König Otto I. aus der sächsischen Dynastie auf den Plan. 962 ließ er sich von

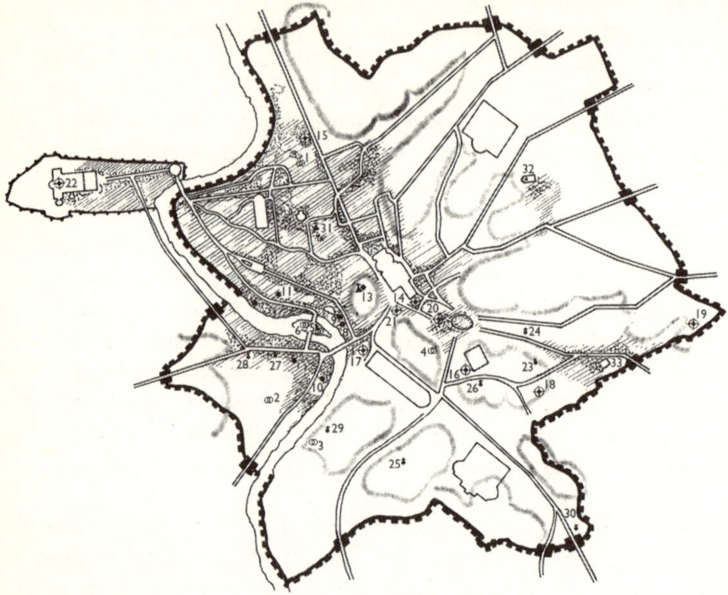

Karte des mittelalterlichen Rom mit den Hauptstraßen und der vermutlichen Ausdehnung des bewohnten Stadtgebiets

Neugründungen von etwa 900 bis etwa 1050
1. S. Maria in Campo Marzio
2. SS. Cosma e Damiano in Mica Aurea
3. S. Maria in Aventino
4. S. Maria in Pallara
5. SS. Adalberto e Paolino
6. S. Giovanni Calabita

Neugründungen von etwa 1050 bis etwa 1227
7. S. Benedetto in Piscinula
8. S. Maria in Porticu
9. S. Nicola in Carcere
10. S. Maria in Capella
11. S. Maria in Monticelli
12. S. Salvatore in Onda
13. S. Maria in Capitolio

Von etwa 1050 bis etwa 1227 umgebaute ältere Kirchen
14. S. Adriano
15. S. Lorenzo in Lucina
16. SS. Giovanni e Paolo
17. S. Maria in Cosmedin
18. S. Stefano Rotondo
19. S. Croce in Gerusalemme
20. S. Maria Nova
21. SS. Sergio e Bacco
22. St. Peter

Von etwa 1050 bis etwa 1227 neuerbaute Kirchen älteren Ursprungs
23. SS. Quattro Coronati
24. S. Clemente
25. S. Saba
5. S. Bartolomeo in Isola (früher SS. Alberto e Paolino)
26. SS. Andrea e Gregorio in Celiomonte
27. S. Crisogono
28. S. Maria in Trastevere
29. SS. Bonifazio ed Alessio
30. S. Giovanni a Porta Latina

Neue Kirchengründungen von etwa 1227 bis etwa 1308
13. S. Maria in Aracoeli (die zum Teil die ältere Kirche S. Maria in Capitolio umschließt)
31. S. Maria sopra Minerva

Von etwa 1227 bis etwa 1308 umgebaute ältere Kirchen
32. S. Maria Maggiore
33. Lateranbasilika

Der *abitato* vor etwa 1050

Der *abitato* nach etwa 1050

ebendiesem anstößigen Papst zum Kaiser des abermals erneuerten Römischen Reichs krönen.

Der Dominanz der römischen Adelsfamilien bereitete diese Expedition genauso wenig ein Ende wie die Intervention Ottos III. (983–1002). Er träumte von Rom als Mittelpunkt eines Reiches, in dem Kaiser und Papst einvernehmlich herrschen sollten. Doch ließ der erbitterte Widerstand des römischen Adels unter der Führung der Crescentier diese kühnen Erwartungen zu Schanden werden. 1046 schließlich behob Heinrich III. aus der salischen Dynastie eine regelrechte Blockade, als er auf der Synode von Sutri durch seinen überlegenen Einfluss dafür sorgte, dass statt dreier rivalisierender Päpste ein neuer, bezeichnenderweise aus Deutschland stammender Pontifex maximus erhoben wurde. Politisch hatte das Papsttum als Verfügungsmasse der weltlichen Macht damit die Talsohle – und die Welt, gemessen am Ideal der Konstantinischen Schenkung, den verkehrtesten Zustand überhaupt erreicht.

Bezeichnenderweise trat die steinerne und lebende Stadt in dieser Zeit wie nie zuvor oder später hinter ihrer symbolischen Bedeutung zurück – und rückte dementsprechend aus dem Blickfeld. Die Quellen berichten, meist knapp genug, von einzelnen Päpsten, politischen Höhepunkten und glanzvollen Kirchenneubauten. An solchen fehlte es, wie bis heute an den goldglänzenden Mosaiken in S. Marco, S. Maria in Domnica, S. Cecilia oder S. Prassede zu erkennen ist, im 9. Jahrhundert durchaus nicht. Wie in dieser Zeit der Alltag am Tiber aussah, lässt sich hingegen nur aus mehr oder weniger hingeworfenen Bemerkungen der Chronisten erschließen – wenn etwa von der Zerstörung antiker Monumente durch Erdbeben oder von Überschwemmungen des ungebärdigen Tibers die Rede ist. Dass das vormals so dicht gefügte Gewebe der städtischen Siedlungsfläche auseinander bröckelte, darf jedoch als gesichert gelten. Periphere Stadtteile um die Lateranbasilika, die römische Bischofskirche, auf dem Aventin oder um S. Maria Maggiore auf dem Esquilin verloren ihre Anbindung an das Zentrum, das sich angesichts immer baufälligerer Wasserleitungen unaufhaltsam zum Tiberknie hinbewegte. Klaffte erst einmal unbebautes Land dazwischen, so dauerte es nicht mehr lange, bis die isolierten Stadtsektoren von ihren Bewohnern verlassen wurden. Waren diese weggezogen, so traten neue, unheimlichere Siedler an ihre Stelle: Vagabunden, Straßenräuber und seit dem 11. Jahrhundert in steigender Zahl das bewaffnete Personal der großen Familien, die sich dort einnisteten und so auf dem Territorium der einstigen Welthauptstadt ihre Hoheitsbezirke markierten. Aus einer einzigen Stadt waren viele rivalisierende Adelsstützpunkte geworden; wer sich von einem zum anderen begeben wollte, musste mit einem Pfeilhagel rechnen.

Noch gefährlicher war es vor den Toren der Stadt. Dort machten sarazenische Flottenverbände die Küste Latiums unsicher. Als Folge ihrer Plünderungszüge, die sich den Tiber hinauf bis zur Stadt zogen, ließ Papst Leo IV. (847–855) das Stadtviertel um den Vatikan und die Peterskirche mit einer Mauer einhegen; zudem besiegte er diese gefährlichen Feinde 849 in einer regelrechten Seeschlacht vor Ostia. Beide Ereignisse waren Leo X. (1513–1521) wichtig genug, um sie als Gleichnisse der unzerstörbaren, da von Gott geschützten Macht des Papsttums in den Vatikanischen Stanzen malen zu lassen. Die Realität war weniger triumphal. 916 erschienen die Schiffe der Sklavenjäger nochmals am römischen Horizont.

6. Mittelpunkt der Christenheit

Um die Mitte des 11. Jahrhunderts mehrten sich die Zeichen des Wandels. Bezeichnenderweise wurde er von außen nach Rom hineingetragen, um dort ungeahnte Wirkungen zu entfalten. Politisch wurde die Landkarte Italiens durch die Normannen entscheidend verändert. Militärische Verbände aus der Normandie und der Bretagne unter der Führung kleinadeliger Familien waren von den byzantinischen Kaisern angeworben worden, um deren Gegner, vor allem muslimische Fürsten, zu bekämpfen. Das taten die «Normannen», wie man sie jetzt ebenso angst-

wie respektvoll nannte, so erfolgreich, dass sich ihre Macht binnen kurzem verselbständigte. In nur zwei Generationen eroberten die Fürsten aus dem Hause Hauteville ganz Süditalien und Sizilien und errichteten eine eigene Herrschaft, die mit ihren Ämtern und Institutionen viel von den islamischen Vorgängern, aber auch aus der byzantinischen Tradition übernahm. Für Rom und das Papsttum hatte dies zur Folge, dass man sich im Süden mit dem wohl stärksten und dynamischsten Staatsgebilde Europas konfrontiert sah. Immerhin hatte es das Papsttum verstanden, sich die Anerkennung des 1130 gegründeten neuen Königreichs Sizilien mit der Lehenshoheit honorieren zu lassen.

Schon ein Menschenalter zuvor waren aus dem burgundischen Großkloster Cluny Ideen einer Kirchenreform ausgegangen, die in vielen Teilen Europas ein intensives Echo, in Rom hingegen lange Zeit nur schwache Resonanz gefunden hatten. Sie zielte auf eine Verchristlichung des Lebens von der obersten Ebene der Macht bis zum Alltag; der Einzelne sollte durch die Einschärfung strenger Verhaltensnormen diszipliniert und an sein Gewissen gebunden, der Klerus selbst rigorosen Regeln wie dem Zölibat unterworfen werden. Und nicht zuletzt war damit eine bislang unbekannte Trennung von geistlicher und weltlicher Herrschaftssphäre beabsichtigt. Dieses Programm wurde von Gregor VII. (1073–1085) mit beispielloser Schroffheit zur Richtschnur päpstlichen Handelns erhoben und damit zugleich umgeformt. Die oberste Maxime der Neuordnung von Kirche und Glauben war jetzt der Primat des Nachfolgers Petri, dessen umfassende Oberhoheit nicht nur über den Klerus, sondern auch über die Fürsten der Welt in Schriftstücken wie dem *Dictatus Papae* niedergelegt und in praktische Politik umgesetzt wurde.

Die vorhersehbare Folge waren kirchliche und politische Machtkämpfe in zahlreichen Städten Italiens, wo die jahrhundertlang selbstverständliche Verquickung von politischer und kirchlicher Herrschaft mit einem Schlage in Frage gestellt wurde. Nicht minder unvermeidlich wurde der Konflikt mit dem Oberhaupt des Reiches, das von seinem Recht, die höchsten kirchlichen Würdenträger selbst einzusetzen, um so selbstverständlicher Gebrauch gemacht hatte, als viele Bischöfe zugleich weltliche Herrschaftsrechte ausübten. Die Ernennung des hohen Klerus war, so betrachtet, eine unverzichtbare Ausübung bzw. Kontrolle von Macht. Infolge der Bannung König Heinrichs IV. und seines politisch erzwungenen Bußgangs nach Canossa im Jahre 1077 wurde Rom in den Strudel dramatischer Ereignisse gezogen. Denn mit Abbitte und Lossprechung des Königs war die Auseinandersetzung nicht beigelegt, sondern erst am Anfang. Es folgten kriegerische Verwicklungen, auf deren Höhepunkt der streitbare Papst den Normannenherzog Robert Guiscard («Schlaukopf») als Verbündeten zur Hilfe rief. Dieser kam, sah, siegte – und plünderte, und zwar so gründlich, dass durch die Zerstörung der wenigen noch funktionsfähigen Aquädukte und anderer Zweckbauten die letzte Verbindung zur Antike gekappt war und die Ewige Stadt sich zu einer Wasserversorgung aus den schlammigen Tiberfluten verdammt sah. Der erste Versuch seit Jahrhunderten, Rom zur Vorherrschaft in der Christenheit emporzuheben, war den Römern nicht bekommen.

Doch hatte die Katastrophe auch neues Leben zur Folge. Fehlschläge von diesem Ausmaß mussten die Bestrebungen der Römer fördern, selbst Einfluss und Macht auszuüben. Sie richteten sich ebenso gegen die führenden Adelsfamilien, deren Unfriedfertigkeit und Arroganz von der Mehrheit der Bewohner als keine geringere Bedrohung angesehen wurden, wie gegen die unberechenbaren Schachzüge der großen päpstlichen Politik. In diesem Sinne meldete sich 1144 eine römische Stadtgemeinde als Sprachrohr der «römischen Römer» zu Wort, einer bodenständigen Mittelschicht von Notaren, Viehhändlern, Geldwechslern und Bauunternehmern. Sie organisierte sich zwar nach dem Vorbild der Kommunen, die in Mittel- und Norditalien seit einem halben Jahrhundert zur Führung der Stadtrepubliken aufgestiegen waren, doch fehlte ihr deren Dynamik und Durchschlagskraft. Rom brachte nie Familien wie die Medici in Florenz, die Visconti in Mailand, die Bentivoglio in Bologna oder die Petrucci in Siena hervor, die zusammen mit ökonomisch und politisch ähnlich starken Clans die Macht an sich ziehen oder sogar alleine ausüben konnten. Zu einem wichtigen, vor allem in Krisen des Papsttums bedeutsamen Faktor römischer Politik wurde die Kommune dennoch, und zwar in allen nur denkbaren Konstellationen: mit den führenden Adelsfamilien oder gegen sie, verbündet oder verfeindet mit den Päpsten und ihren Herrschaftsstellvertretern innerhalb der Stadtmauern. Politischer und kirchlicher Mittelpunkt der Gemeinde war von Anfang an das Kapitol mit der Kirche S. Maria in Aracoeli. In ihrem Schiff tagten die Räte, auf dem Platz davor residierten ihre Amtsträger, auch das eine Tradition, die sich bis heute erhalten hat.

Roms politische Uhren gingen also anders. Die großen Familien mit ihren befestigten Bastionen in der menschenarmen Campagna und ihren Wehrbauten in der Stadt waren ein Machtfaktor eigener Art. Sie hatten die reale, aus Land, Vasallen und Abgaben geschöpfte Macht, welche die Päpste lange Zeit nur in der Theorie besaßen. Dazu kamen die regelmäßigen Erschütterungen von Norden, wenn sich die Könige des Heiligen Römischen Reiches zu Kaisern krönen ließen oder sich aus anderen Gründen der italienischen Machtverhältnisse annahmen. Ein solcher Herrscher war Friedrich I. Barbarossa aus dem Hause der Staufer. Er bekämpfte die vom Reich weitgehend abgelösten Stadtrepubliken Oberitaliens in langen und blutigen Kriegen, doch mit geringem Erfolg. Konflikte mit dem Papsttum waren unter einem so machtbewussten Reichsoberhaupt unvermeidlich. Dabei griff Barbarossa zu dem in solchen Fällen probaten Kampfmittel: Er erhob einen Gegenpapst. Der legitime Pontifex maximus Alexander III. (1159–1181) – als Sienese ohne römische Hausmacht – konnte sich erst nach 19 Jahren dauerhaft in seiner Hauptstadt etablieren. Das war ein Memento für viele seiner Nachfolger in einem Papstamt, das für zwei Jahrhunderte so international wie nie zuvor oder danach besetzt wurde; die Stellvertreter Christi auf Erden stammten jetzt nicht nur aus nahezu sämtlichen Regionen Italiens, sondern auch aus England, Portugal und am häufigsten aus Frankreich. Die politischen und kirchlichen Akzente allerdings setzten die Päpste, die von Geburts wegen den kürzesten Weg in die Ewige Stadt hatten.

Auch an ihr ging der wirtschaftliche und demographische Boom der Zeit nicht folgenlos vorbei. Erstmals seit langem nahm – an der gesteigerten Bautätigkeit ablesbar – die Zahl der Einwohner wieder zu; und im Stadtbild tauchten neue Klöster und Kirchen wie S. Silvestro in Capite und S. Maria in Campo Marzio auf. Trotz dieses Aufschwungs kamen der Glanz und die Machtfülle, die sich um die Wende zum 13. Jahrhundert einstellten, unerwartet. Sie waren aufs engste mit einem Mann verknüpft, der aus allenfalls kleinadeligen Verhältnissen des südlichen Latiums aufgestiegen war: Lotario de' Conti, als Papst Innozenz III. (1198–1216) und bei seiner Wahl erst 37 Jahre alt. Unter seinem Pontifikat wurde das Papsttum wie zu keinem anderen Zeitpunkt der Geschichte Schiedsrichter der europäischen Politik. Und auch in Rom wurden Weichen gestellt. In Innozenz' Windschatten kamen neue Familien empor, die sich auf Dauer in ihren Machtpositionen einrichteten. An die Stelle der vorher führenden Prefetti di Vico, Pierleoni, Frangipani und ihrer Alliierten traten jetzt die Clans der Colonna, Orsini sowie der de' Conti selbst. Denn Innozenz III. betrieb Nepotismus nicht minder erfolgreich als die große Politik. Seine Verwandten erhielten führende kirchliche und weltliche Ämter, reiche Einkünfte und starke Festungen auf dem Lande und in der Stadt. Deren Mittelpunkt bildete der bis heute ebenso wehrhaft wie abweisend die Mauern des Trajansforums überragende «Conti-Turm». Heiratsallianzen mit weiteren führenden Sippen rundeten das Nepotenförderungsprogramm ab, das für ein knappes halbes Jahrtausend beispielhaft werden sollte.

Verwandtenförderung an sich war keine Neuerung. Vorangehende Päpste hatten Amtskollegen und Ordensbrüder, gewissermaßen Angehörige im Geiste, Landsleute und auch Familienmitglieder bei der Besetzung von Führungspositionen seit langem bevorzugt. So planvoll und energisch wie Innozenz III. aber war dabei bislang kein Papst vorgegangen. Das Amt des Nachfolgers Petri gewann auf diese Weise eine zusätzliche Dimension. Die theologische und kirchliche Hoheit, die der De' Conti-Papst, selbst ein herausragender Gelehrter, mit der Einberufung des Vierten Laterankonzils (1215) und dem Kampf gegen die Albigenser in Südfrankreich nicht minder machtbewusst ausübte, war vom *Primat in spiritualibus,* dem Vorrang in geistlichen Dingen, abgeleitet. Die Oberaufsicht über die weltlichen Herrscher der Christenheit und die Regierung des Kirchenstaats, der sich jetzt zwischen Ravenna und dem südlichen Latium zu festigen begann, bezeichnete die andere Seite der Medaille, den *Primat in temporalibus,* den Vorrang in weltlichen Dingen. Mit der Bedeutung, die die Blutsverwandten des regierenden Pontifex maximus von jetzt an gewannen, zeichnete sich ein dritter, in der Grundlegung des Amtes nicht vorgesehener Primat ab, der zum Störfaktor der Institution Papsttum und ihrer Interessen zu werden drohte: der Primat der Familie.

Er wurde zu einer Belastung, ja zu einer schweren Hypothek, weil die einseitige Besetzung von Führungspositionen mit Verwandten dem kirchlichen Grundsatz «Nach Verdienst allein» widersprach, zur Hofbildung tendierte und Elemente von Erblichkeit an der Spitze der Kirche einführte, die mit dem für diese maßgebenden Prinzip der Offenheit und Internationalität unvereinbar waren. Zudem gefährdete intensiver Nepotismus die stets labile Machtbalance in Rom selbst. Vor allem längere Pontifikate provozierten nach dem Tod des Papstes wütende Gegenreaktionen derjenigen, die von der Güterumschichtung zugunsten der Papstverwandten und ihrer Anhänger geschädigt worden waren. Das bekamen auch die Nepoten Innozenz' III. zu spüren, doch konnten sie sich nach der unvermeidlichen Krise auf Dauer in den kurialen Führungskreisen behaupten.

Die vom De' Conti-Papst errungene Machtstellung konnten seine Nachfolger unter schweren Kämpfen ein knappes Jahrhundert lang mehr oder weniger verteidigen. Den gefährlichsten Gegner hatte paradoxerweise der Meisterdiplomat Innozenz III. selbst in den Sattel gehoben: Kaiser Friedrich II. von Hohenstaufen, Reichsoberhaupt sowie König von Sizilien zugleich und damit Herrscher nördlich und südlich des Kirchenstaats. Diesem Zangengriff und der in ihren Augen unerträglich anmaßenden Machtstellung des Staufers, nicht zuletzt gegenüber der Kirche, widersetzten sich die Päpste in einem immer erbitterter ausgetragenen Konflikt, in dem beide Seiten nicht davor zurückschreckten, den Gegner in apokalyptischen Tönen zu verunglimpfen. Rom geriet dabei mehrfach in akute Gefahr.

So lagerte im Sommer 1241 ein kaiserliches Heer nördlich der Ewigen Stadt. Und auch in ihr hatte der Kaiser seine Anhänger; angeführt wurden sie von den Colonna, einem der zwei mächtigsten Baronalclans. Die Colonna hatten, wie die Orsini, ihre Dauerrivalen, binnen weniger Jahrzehnte einen großen Teil Latiums und angrenzender Gebiete unter ihre Kontrolle gebracht. So konnten sie aus ihren zahlreichen Castelli, befestigten Stützpunkten in strategisch günstiger Hügellage, eigene Armeen ausrüsten, denen die Päpste lange Zeit nichts entgegenstellen konnten. Innerhalb des Stadtgebiets hatten die Colonna das Augustus-Mausoleum mit seinen massiven Mauerringen zur Festung ausgebaut. Überhaupt hatte die Stunde der militärischen Wiederverwertung der antiken Monumente geschlagen: Das Kolosseum, das Grabmal der Cecilia Metella und das Marcellustheater, alle diese Überreste des Altertums wurden jetzt mit Zinnen und Schießscharten ausgestattet; selbst der eher bescheiden dimensionierte Titusbogen auf dem Forum wurde kriegerisch umgerüstet. Die Krise des Jahres 1241 wurde durch die Erstürmung der Augustus-Festung mithilfe der Orsini-Anhänger zwar gelöst. Doch schlug das Pendel jetzt zur anderen Seite aus. Als Gregor IX. kurz darauf starb, wurden die Kardinäle zur Wahl seines Nachfolgers vom Chef des Hauses Orsini so brutal eingeschlossen, dass der neue Papst gerade einmal 17 Tage amtierte. Ab 1274 wurde die Einschließung der Wähler gleichwohl zur Regel, zwar unter weniger unmenschlichen Umständen, doch für betagtere Kirchenfürsten weiterhin gesundheitsgefährdend.

Auch über das Leben der weniger mächtigen Römer in ihrer kosmopolitisch angehauchten Stadt fließen die Quellen jetzt reichlicher, nicht zuletzt deswegen, weil die vom gehobenen Mittelstand getragene Kommune in den 1250er Jahren unter der Führung eines bolognesischen Ritters die Macht ergriff. Mehr als 140 trutzige Wehrtürme der unfriedfertigen Adelsclans sollen in diesen Jahren der «Volksfreiheit» zerstört worden sein. Doch ist bei solchen Zahlen Skepsis angebracht; schon wenig später stand die eben noch so selbstbewusste Kommune wieder unter der Führung der großen Baronalfamilien. Viehhändler und Bankiers, die beiden wichtigsten römischen Gewerbetreibenden, waren weder wirtschaftlich noch politisch stark genug, um den Colonna, Orsini sowie den im 13. Jahrhundert an ihre Seite tretenden Savelli und Caetani mit ihren internationalen Beziehungen über längere Zeit Paroli bieten zu können. Wie die dritte große Korporation, die der römischen Kleriker, waren sie in ihrer Mentalität und mit ihren Ressourcen zu lokal ausgerichtet. Ihre Forderungen gingen über Losungen wie «Römische Pfründen und römische Geschäftsaufträge für Römer» kaum je hinaus.

Insofern fielen ihre Interessen mit denen der Wirte, der Handwerker und der anderen kleinen Gewerbetreibenden nicht zusammen. Diese nämlich lebten in hohem Maße vom Zustrom der Fremden, die als Pilger, Geistliche oder Glücksritter in die Stadt strömten. Rom war durch die heiligen Stätten des Christentums seit jeher Anziehungspunkt für europäischen Frömmigkeitstourismus. Dazu kam die Attraktivität der Ruinen und einer Geschichte, die für die allermeisten Reisenden längst ins Reich der Legenden, ja der Wunder entrückt war. Von diesen *mirabilia urbis* wussten die Fremdenführer, auch sie eine eigene Berufsgruppe, phantastisch ausgeschmückte Geschichten zu erzählen: vom Geist des Selbstmörders Nero, der in den «roten Felsen» an der Via Flaminia keine Ruhe gab, von Cäsars Asche an der Spitze des zerschmettert neben der Peterskirche hingestreckten Obelisken und mancherlei anderen Merkwürdigkeiten. Die Einwohner moderner, aufstrebender Städte wie Florenz hingegen sahen die verwitternden Mauerreste der antiken Metropole nicht ohne Schadenfreude. *Olim caput, nunc cauda mundi,* Einst Haupt, nun Schwanz der Welt, so lautete ihre hämische Geschichtsformel. Die Ehrenstellung des neuen, des besseren Rom gebührte jetzt ihnen – ein Erbe, das nicht wenige Kommunen der Zeit in Italien für sich in Anspruch nahmen.

Doch das waren Streitigkeiten der Gelehrten und der Mächtigen. Ausschlaggebend für die kleinen Leute in der Ewigen Stadt war zum einen, dass die Fremden – aus welchen Gründen auch immer – kamen und Zimmer in Gasthäusern belegten,

Mahlzeiten verzehrten, Sehenswürdigkeiten besichtigten, Gnaden erwarben und Andenken kauften. Voraussetzung dafür war der Friede außerhalb wie innerhalb der Stadt. Wenn hingegen die Barone untereinander, gegen die Kommune oder gegen den Papst Krieg führten – alle diese Konfliktkonstellationen kamen vor –, dann waren Handel und Wandel in der Stadt bedroht. Was die Versorgung mit Lebensmitteln betraf, saßen die Adeligen am längeren Hebel. Im Konfliktfall blockierten sie die Zufahrtswege zu Land und zu Wasser und hungerten so die Stadt aus. Am wichtigsten waren die Transporte zu Schiff; logistisch betrachtet, war Rom eine Hafenstadt. Getreidelieferungen wurden im Seehafen von Civitavecchia auf flussgängige Boote umgeladen, diese dann den Tiber stadtaufwärts getreidelt; vor allem in der Mündungszone bei Fiumicino war das eine unfallträchtige Operation. Verteilungszentrum war der Hafen von Ripa grande («großes Ufer») bei der Porta Portese. Von hier aus fanden die Fische und Meeresfrüchte ihren Weg zu den Verkaufsständen bei der Kirche S. Angelo in Pescheria («am Fischmarkt») beim Bogen der Octavia. An nicht weniger geschichtsträchtiger Stelle, auf dem Forum des Trajan, übten die Fleischhauer und Metzger ihr blutiges Handwerk aus. Vieh gab es in der dünn besiedelten Campagna reichlich; bei seiner Haltung bildeten sich regelrechte Wanderrouten heraus, auf denen die Herden im Laufe des Jahres von Weidegrund zu Weidegrund getrieben wurden. Gerade weil Viehzucht mit wenig Personal und Kosten betrieben werden konnte und zudem der Fleischbedarf in der Ewigen Stadt immens war, hatten die Päpste Schwierigkeiten, die zur Versorgung der hauptstädtischen Bevölkerung nötigen Getreideanbauquoten durchzusetzen.

Unterhalb der korporativ organisierten Gewerbe lebten – mehr schlecht als recht wie überall, doch in Rom durch die Verpflichtungen der Päpste gegenüber den Armen einigermaßen geschützt – die Heerscharen der Tagelöhner, Bettler und Nichtsesshaften. Deutlich besser als sie waren die vielen Dienstboten und Domestiken gestellt, die in den Haushalten der Kirchenfürsten und Adeligen Anstellung, Wohnung und in der Regel auch eine ausreichende Grundversorgung fanden. Im Jahr 1300 dürften die Ewige Stadt so wieder an die 50 000 Menschen bewohnt haben.

Dazu kamen, zumindest vorübergehend, Hunderttausende von Fremden. Bonifaz VIII. nämlich, durch seine Geburt und die Interessen seiner Familie einer der «römischsten» Päpste, hatte das erste Heilige Jahr ausgerufen. Nach dem vorgeschriebenen Besuch der Hauptkirchen sowie Beichte und Buße konnten die Pilger einen Generalablass gewinnen, der ihnen die Vergebung aller bislang angehäuften, im Fegefeuer zu sühnenden Sündenstrafen versprach. Von diesem lockenden Angebot wurde so reichlich Gebrauch gemacht, dass die stadtrömische Ökonomie boomte. Ja, der überwältigende Erfolg legte eine Wiederholung in kürzeren Abständen nahe. Die für die gewerbetreibenden Römer so heilsame Ausschreibung des Jubiläums war zugleich ein Schachzug der großen Politik. Bonifaz hatte in der Tradition Gregors VII. und Innozenz' III. die Vorrangstellung des Papsttums vor allen weltlichen Herrschern so schroff verkündet und so rigoros eingefordert, dass daraus schwerste Konflikte mit dem französischen König Philipp dem Schönen hervorgingen. Sie spitzten sich so weit zu, dass der Monarch eine Expedition zur Entführung des Nachfolgers Petri ausrüstete. In seiner Heimatstadt Anagni gefangen genommen und gedemütigt, wurde der vor Wut rasende Papst bald befreit, starb aber kurz danach im Oktober 1303.

Bei seinem Tod waren nicht nur die internationalen Beziehungen gestört, auch in Rom und Umgebung brodelte es. Denn Bonifaz hatte nicht nur die Machtansprüche gegenüber den Monarchen Europas, sondern auch den Nepotismus weiter gesteigert. Seine Familie, die Caetani, hatte während des neunjährigen Pontifikats die Colonna aus ihren Schlüsselstellungen verdrängt, sogar mithilfe eines vom Papst ausgerufenen Kreuzzugs. Wütende Gegenreaktionen ließen nicht auf sich warten. Alles war in Aufruhr.

7. Die verlassene Stadt

Schon Bonifaz' Nachfolger Benedikt XI. konnte sich im Dreivierteljahr seiner Regierung nicht in Rom halten, sondern residierte in Perugia. Der nachfolgende Pontifikat Clemens' V. stellte Weichen in geographischer Hinsicht. Südfranzose von Geburt, verlegte er den Sitz der Kurie 1309 nach Avignon in der Provence, wo sich das Papsttum seit den Albigenser-Kreuzzügen eigene Herrschaftsgebiete vorbehalten hatte. Erst im Januar 1377 kehrte sein sechster Nachfolger Gregor XI. nach Rom zurück. Was seit mehr als einem Jahrtausend zusammenzugehören schien, hatte sich getrennt, und zwar nach der bündigen, aber für die Römer unannehmbaren Formel: *Ubi Papa, ibi Roma,* Wo der Papst ist, da ist Rom. Angesichts der vielen Konkurrenten um die Herrschaft am Tiber hinterließen die Päpste alles andere als ein Machtvakuum, ganz abgesehen davon, dass sie auch weiterhin durch Stellvertreter Einfluss auf die Entwicklung am Tiber nahmen. Für das Prestige und die Wirtschaft der Hauptstadt ohne Herrscher aber war diese Abwesenheit ein harter Schlag: kein Luxuskonsum der Kirchenfürsten mehr, zurückgehende Pilgerzahlen, Verlagerung der Bankhäuser an die Rhone, wo jetzt die Fäden der Hochfinanz zusammenliefen. Besonders bitter für die Römer war, dass gerade jetzt, unter dem Pontifikat des Finanzgenies Johannes XXII., das Steueraufkommen des Papsttums Rekordwerte erreichte. Aus diesen Summen wurde der monumentale Papstpalast in der neuen Hauptstadt Avignon errichtet, wo sich das süße Leben auch anderweitig konzentrierte.

Politisch hingegen bot die fast siebzigjährige Abwesenheit der Päpste nicht nur Nachteile. Nach blutigen Kämpfen zwischen den Colonna, Orsini und ihren Alliierten kam es kurz vor der Jahrhundertmitte zu einem heftigen Ausschlag des Macht-Pendels zur kommunalen Seite. Unter der Führung des rhetorisch begabten Gastwirtsohns Cola di Rienzo aus dem Stadtteil Trastevere, der sich zum Tribun aufschwang, ergriff die Gemeinde und mit ihr die gehobene Mittelschicht 1347 die Macht am Tiber, und zwar im Namen der römischen Republik als Herrin des Weltkreises. Deren Machtanspruch, so Cola, dauerte fort. Seit dem Untergang des weströmischen Reiches war die große Vergangenheit nicht mehr mit so hinreißendem und zugleich weltfremdem Pathos beschworen worden. Im hochfahrenden Stil erließ der Tribun Sendschreiben an die Mächtigen, in denen er sie zur Annahme der römisch-republikanischen Hegemonie aufforderte.

Was seine Vorherrschaft für seine Anhänger attraktiv machte, war sein entschiedenes Vorgehen gegen die ewig unruhigen Barone. Sie wurden aus der Stadt vertrieben und unterlagen in den nachfolgenden militärischen Auseinandersetzungen mit herben Verlusten, auch von Angehörigen. Neben dem imperialen Herrschaftsanspruch wurde «Friede» zur Hauptlosung; zu seiner Wahrung wurde ein eigenes Haus auf dem Kapitol eingerichtet. Doch mischte sich in diese pragmatische Politik zum Nutzen der Handel- und Gewerbetreibenden frühzeitig ein irritierender Zug. Mit bizarren Riten an erinnerungsschweren Stätten wie dem Lateran und seinem Baptisterium versuchte der Tribun seine Erhebung zum Kaiser in die Wege zu leiten. Doch dazu kam es nicht mehr. Einmal noch, im November 1347, siegte das Gemeindeheer über die Colonna. Dann aber brach Colas Herrschaft in der systematisch ausgehungerten Stadt rasch zusammen. Sieben Jahre später wurde er bei dem Versuch, erneut die Macht zu erobern, am Fuß des Kapitols erschlagen.

Die Macht der Gemeinde aber war mit seinem Sturz nicht zu Ende. Wie Päpste und Aristokraten verewigte sie ihre Vorrangstellung in Bauten. Das prestigeträchtigste Projekt der Kommune war die Treppe, die zu S. Maria in Aracoeli emporführte. Zum Dank für das Ende der Pestepidemie errichtet, die Rom auf ihrem Weg durch Europa 1348 heimsuchte, zeigte sie als symbolische Verbindung von Himmel und Erde an, dass die Vermittlung zwischen Gott und den Menschen auch ohne den Papst gewährleistet blieb. In diesem Geiste erließ die Gemeinde 1363 Statuten, die ihre Macht auf Dauer garantieren sollten.

Unter einem von auswärts berufenen Senator amtierten die Konservatoren, die vierteljährlich neu gewählt wurden und die wichtigsten Geschäfte führten. Sogar ein eigenes Heer legte sich die neue Regierung zu. Doch die kühnen Erwartungen erfüllten sich nicht. Das republikanische Gemeinwesen am Tiber eroberte nicht wie einst den Weltkreis, sondern gerade einmal sechs Dörfer in seiner Umgebung.

Auch die Aufbruchstimmung, die sich mit der Rückkehr Gregors XI. 1377 einstellte, verflog rasch. Schon zwölf Jahre später spaltete sich das Papsttum und mit ihm die Kirche in zwei Lager. Der Ewigen Stadt blieb ihr Pontifex maximus zwar erhalten, doch residierte jetzt im verhassten Avignon ein Konkurrent. Nach einem vergeblichen Versuch, dem unseligen Schisma ein Ende zu bereiten, kam 1409 sogar noch ein dritter Papst hinzu. Dreigeteilt waren damit auch die Gefolgschaften in Europa und nicht zuletzt die Einnahmen. Infolge der Kirchenspaltung eroberte der neapolitanische König Ladislao 1404 sogar Rom. Zur politischen Demütigung kam der demographische Tiefpunkt. Um 1420 dürfte die verarmte Stadt am Tiber höchstens noch 25 000 Einwohner gezählt haben.

Einen Ausweg aus der verfahrenen Situation der Kirche und des Papsttums fand das Konzil von Konstanz. Es war durch die geschickte Politik König Sigismunds zustande gekommen und stärkte die Stellung der weltlichen Fürsten gegenüber der Kirche. Sie nutzten die Gelegenheit zur Revanche weidlich aus. In der Pragmatischen Sanktion von Bourges (1438) sicherte sich der französische König weit reichende Verfügungsrechte über seinen Klerus; andere Fürsten taten es ihm nach. Nie wieder sollte das Papsttum dieselbe finanzielle und politische Macht wie vor dem Schisma erreichen. Vor allem um die Einnahmen sah es jetzt trübe aus; die Besteuerung der Kleriker, eben noch von Avignon aus perfektioniert, brachte nur noch Bruchteile der ehemals stolzen Summen ein. So mussten alternative Quellen erschlossen werden; dafür stand der Kirchenstaat zur Verfügung, vorausgesetzt, die Päpste konnten ihren Herrschaftsanspruch in ihrem Territorium endlich durchsetzen. Zu diesem Zweck hatten sie schon von Avignon aus in den 1350er Jahren den militärisch und diplomatisch befähigten Kardinal Gil Albornoz abgesandt; er sollte verloren gegangene Gebiete zurückgewinnen und den Kirchenstaat festigen. Diese schwierige Mission gelang zwar, doch anders als erwartet. Albornoz musste den Weg der Verhandlungen und damit auch der Kompromisse beschreiten. Konkret hieß das, dass die vielen de facto unabhängigen Stadtherren im Norden des Kirchenstaats Mandate als Vikare, d. h. als legitime Stellvertreter des Papstes, erhielten. Als Gegenleistung waren sie Abgaben, militärische Gefolgschaft und politischen Gehorsam schuldig, zumindest in der Theorie. Ähnliches galt für die römischen Barone.

Hinter einer zweiten Finanzquelle standen nicht weniger Fragezeichen. Wenn sich das Personal der Kirche jetzt dem fiskalischen Zugriff weitgehend entzog, dann musste man die Gewährung von Gnaden sowie die Verleihung von Ämtern mit Gebühren belegen. Da andererseits der Verkauf geistlicher Würden als Simonie aufs strengste verboten war, galt es, Umgehungen und Verschleierungen zu finden. Solche Praktiken wiederum mussten die Kritik strenger denkender Kreise zur Folge haben. Eine weitere schwere Hypothek hieß es jetzt schon abzutragen. In Konstanz hatte sich das Konzil zum obersten Entscheidungs- und Lenkungsorgan der Kirche erklärt und diesen Anspruch erfolgreich geltend gemacht. Die drei alten Päpste waren abgesetzt worden bzw. zurückgetreten, ein neuer, Martin V. aus der Baronalfamilie Colonna, wurde gewählt. Er übernahm die Verpflichtung, ein neues Konzil einzuberufen, und löste sie ein. Wurde das zur Regel, dann blieb den Päpsten nur noch die Exekutive unter der Souveränität der Kirchenversammlung. Auch hier musste die Zukunft Klarheit schaffen.

So waren große Fragen offen, als der Colonna-Papst am 29. September 1420, dem Festtag des Erzengels Michael, des Bekämpfers des Chaos, seinen Einzug in Rom hielt. Was er vorfand, wurde in düsteren Farben ausgemalt, um den Neuanfang umso heller erstrahlen zu lassen. Tenor: Wölfe streiften durch die einsamen Straßen einer zerrissenen Stadt. Ob Raubtierrudel auf unachtsame Römer lauerten oder nicht – die Schilderungen dürften der Wirklichkeit einigermaßen nahe gekommen sein.

8. Geburt einer Hauptstadt

Mit Martin V. hatte das Konzil bewusst einen Papst mit römischer Hausmacht gewählt. Schon sein Nachfolger Eugen IV. hatte als Venezianer diesen Rückhalt nicht – und verbrachte neun Jahre von 1434 bis 1443 im florentinischen Exil. Er musste einem letzten Aufbäumen der Kommune weichen, deren Häupter im Geiste eines republikanischen Humanismus von der Wiederherstellung des alten Freistaates träumten. Von Florenz aus leitete Eugen die Rückeroberung seiner Hauptstadt mit diplomatischen und militärischen Mitteln ein. Der Erfolg war am Ende durchschlagend, bis 1798 wurde kein Papst mehr aus Rom vertrieben. Ließ sich die Stadtgemeinde relativ rasch domestizieren, so stellten sich einem weiteren Machtausbau des Papsttums mit Baronen und Kardinälen ernster zu nehmende Konkurrenten entgegen.

Die führenden Clans übten mehr denn je im römischen Umland die Herrschaftsgewalt aus. Sie sprachen Recht, stellten eigene Heere auf und schöpften feudale Abgaben ab; für den Papst blieb so nur eine weitgehend theoretische Oberhoheit. Die von ihm in die verschiedenen Provinzen entsandten Gouverneure konnten vorerst nur die Lage beobachten und Informationen an die Zentrale zurücksenden. Doch auch dort waren die Barone präsent. Seit langem konnten Colonna und Orsini darauf zählen, mit jeweils einem Familien-Kardinal im obersten Senat der Kirche vertreten zu sein. In einem Kollegium von maximal zwei Dutzend Papstwählern fiel ihre Stimme schwer ins Gewicht.

Herrschaftsansprüche stellten auch die Kardinäle als Gruppe. Gemäß ihrer Bibelauslegung war der Auftrag Christi, die Kirche zu bilden, nebst dazu gehöriger Vollmacht nicht an Petrus alleine, sondern an die Apostel insgesamt ergangen; und als deren legitime Nachfolger traten die Purpurträger auf. Dem Papst sollte so nur die Würde eines Primus inter pares und die Rolle eines ausführenden Organs des Gruppenwillens verbleiben. Anstrengungen, diese Ansprüche durchzusetzen, konzentrierten sich auf den Zeitpunkt, an dem die monarchische Gewalt am schwächsten war: nach dem Tode des Papstes. So wie die Barone während einer solchen Sedisvakanz zu Eroberungszügen ausrückten und auch die kleinen Leute die Freuden der Anarchie auskosteten, d. h. offene Rechnungen beglichen und plünderten, so nutzten die Kardinäle diese Zeit des Machtvakuums dazu, Kataloge ihrer Forderungen aufzustellen. Sie liefen darauf hinaus, dem Papsttum und dem Kirchenstaat eine Art Verfassung zu geben. Sie verpflichtete den Nachfolger Petri dazu, bei allen Entscheidungen von Belang zuvor die Zustimmung der Kardinäle einzuholen; selbst lukrative Pfründen sollte er nur mit ihrer Einwilligung verleihen dürfen. Alle zur Papstwahl versammelten Kardinäle mussten diese Wahlkapitulationen unterschreiben. Mit Ausnahme von Innozenz VIII. (1484–1492) hat sie jedoch kein neu gewählter Papst eingehalten – mit der Begründung, dass die von Christus verbriefte Machtfülle eine Einschränkung durch derlei Umtriebe nicht duldete. Doch zur Lösung der Probleme mit Baronen und Kardinälen waren nicht nur Sentenzen, sondern auch Taten erforderlich.

Schon der dritte Papst nach dem Konzil von Konstanz, der Humanist Nikolaus V. (1447–1455) – auch er ohne römische Hausmacht –, wies einen neuen Weg. Seine auf dem Totenbett an die Kardinäle gerichtete Rede schärfte ihnen und ihren Nachfolgern für alle Zeit ein, dass das Papsttum mit seiner abstrakten Herrschaftsgrundlage wie keine andere Macht auf Erden der Überzeugungskraft der Bauten und Bilder bedürfe. Nur dann könnten die Stellvertreter Christi ungefährdet in ihrer Hauptstadt regieren.

Methoden, die schon den Prinzipat des Augustus hatten annehmbar machen sollen, waren damit zeitgemäß formuliert worden. So wie der erste römische Kaiser seine de facto mit allen Traditionen brechende Herrschaft als deren zwingende Fortsetzung umgedeutet und legitimiert hatte, verkündeten die päpstlichen Bauten, Statuen und Bilder einen glanzvollen Neuanfang, der zugleich Kontinuität gewährleistete. Ihre Aussage lautete: Das Neue ist die vollendete Einlösung des Alten. Veranschaulichen sollte diese beruhigende Botschaft das Hauptprojekt des Neuen Rom, der Neubau der Peterskirche.

Die konstantinische Basilika war im Lauf von elf Jahrhunderten zu einem ebenso gigantischen wie verschachtelten Gebäudekomplex angewachsen. Voller geschichtsträchtiger Stätten, Bildwerke und Grabmäler, war sie der wichtigste Erinnerungsort des Papsttums, ja dessen zu Stein gewordene Tradition schlechthin. Diese Kirchenstadt in der Stadt von Grund auf neu zu errichten, barg Chancen und Risiken gleichermaßen in sich. Gegen die vernichtende Anklage der Pietätlosigkeit konnten die Päpste als Bauherren nur dann gefeit sein, wenn sie die Heiligkeit des Ortes und seiner Erinnerungen bewahrten und den Akt der Neuerrichtung als Wiederherstellung einer Würde ausgaben, die durch die allerorten zu besichtigende Baufälligkeit aufs höchste gefährdet war. Eine ideologische Gratwanderung blieb das Projekt gleichwohl. Auch deswegen schritt es im ersten halben Jahrhundert der Planung nur langsam voran, um dann ganz stecken zu bleiben.

Seine Politik in Italien richtete Nikolaus V. an der Leitidee der Vermittlung und Friedensstiftung aus. Nach dem Schock der Eroberung Konstantinopels durch das osmanische Heer im Jahr 1453 richteten sich seine Bemühungen darauf, ein Gleichgewicht der Mächte auf der Basis des Status quo und des Einvernehmens zu gewährleisten. Diese Bestrebungen führten zum Frieden von Lodi (1454/55) und einem daraus resultierenden Bündnis- und Ligasystem, das für gut zwei Jahrzehnte eine fühlbare politische Entspannung auf der Halbinsel hervorbrachte. Ob es auch in Rom gelang, das Gleichgewicht zu bewahren, hing davon ab, mit welcher Intensität die Päpste jetzt und künftig Nepotismus betreiben würden. Die drei ersten Pontifikate nach Konstanz hielten Maß; einen Verwandten zum Kardinal, einen weiteren zum Stammhalter eines adeligen Hauses zu erheben, galt als statthaft. Auch in dieser Hinsicht zeichnete sich Nikolaus durch Zurückhaltung aus.

Mit Pius II., geboren als Enea Silvio Piccolomini, bestieg danach eine der ungewöhnlichsten Persönlichkeiten der Kirchengeschichte den Papstthron. Er hatte sich als Autor elegantester lateinischer Texte in Humanistenkreisen, aber auch bei den Mächtigen Europas als Diplomat höchste Anerkennung erworben und war an der Kurie in kürzester Zeit aufgestiegen. Vornehme Abkunft, glänzende intellektuelle Gaben und die unerwartete Wahl zum Papst fanden in einem beispiellosen Personenkult Niederschlag. Er manifestierte sich allerdings nicht in Rom, sondern im sienesischen Bergdorf Corsignano, das der Piccolomini-Papst mit Dom, Familienpalast und Piazza zu einem Monument seiner unvergänglichen Größe ausbauen und nach sich selbst Pienza nennen ließ; das war ein Zeichen dessen, was in näherer Zeit auch auf Rom zukommen sollte. In jüngeren Jahren war Pius ein eifriger Befürworter der Oberhoheit des Konzils gewesen. Jetzt aber setzte er den Schlusspunkt unter die Bestrebungen, das Papstamt von dieser Vormundschaft zu befreien. Ausschlaggebend für diesen schnellen Sieg war, dass sich das von Martin V. einberufene Konzil von Basel immer weiter radikalisiert hatte und seine Forderungen daher auch von weltlichen Herrschern als Bedrohung des monarchischen Prinzips angesehen wurden.

Mit Nikolaus V. und Pius II. fasste die Elitenkultur des Humanismus an der Kurie Fuß. Führende Gelehrte wie Lorenzo Valla und Flavio Biondo fanden als Sekretäre und in ähnlichen Posten lukrative Anstellungen in der sich rasch erweiternden Zentralverwaltung der Kirche. In ihren Schriften gewann das Rom der Antike eine neue, absolute Vorbildhaftigkeit. Seine Sprache, speziell die Ciceros, die römische Kunst der Rhetorik, seine Textgattungen, vor allem in der Geschichtsschreibung und Epik, sowie die praktische, am täglichen Leben ausgerichtete Moralphilosophie dienten jetzt als Modell – und als Ansporn, ebenbürtige oder sogar überlegene Leistungen zu erbringen. In der Auseinandersetzung mit den antiken Mustern schärfte sich auch der Sinn für die Geschichtlichkeit der Sprache. So wies Lorenzo Valla 1440 nach, dass der Text des «Constitutum Constantini» nie und nimmer antiken Ursprungs sein konnte – das Vokabular, die Institutionen der Macht und ihre Insignien, so sein empörter Kommentar, waren dem Altertum nicht nur unbekannt, sondern würdigten dessen Größe unerträglich herab. Diese für den König von Neapel verfasste Widerlegung einer für die Machtansprüche des Papsttums so bedeutsamen «Urkunde» stellte im Übrigen kein Hindernis für Vallas spätere Karriere an der Kurie dar.

Ebenfalls als wohlbestallter Angestellter des Papstes betrieb Flavio Biondo seine neuartige Rom- und Italienforschung. Begnadet im Aufspüren und Identifizieren verlassener Ruinenstätten gab er den antiken Überresten Namen und Geschichte zurück. Aber nicht nur das steinerne, sondern auch das politische Rom der Antike erlebte jetzt eine Wiederauferstehung, und zwar zuerst in Florenz, der intellektuellen Hauptstadt Europas. Schon der Pionier der humanistischen Studien, Francesco Petrarca (1304–1374), hatte die alte Debatte über die Überlegenheit der Republik oder der Monarchie wieder aufgenommen und dabei Cäsars Lob gesungen. Im Gegensatz dazu votierte Leonardo Bruni (1370–1444), seines Zeichens Kanzler und Staatshistoriograph der Republik Florenz, mit aller Entschiedenheit für den Freistaat, wo allein Verdienst belohnt und Gerechtigkeit gegenüber jedermann geübt werde. Aus diesem Blickwinkel betrachtet, schnitt Rom, das in seinem Imperium jegliche Eigenständigkeit unterdrückt hatte, schlecht ab, Florenz war daher das neue, das bessere Rom.

Am machtvollsten aber lebte das Rom der Vergangenheit in den Schriften des Florentiners Niccolò Machiavelli (1469–1527) wieder auf. Er sah in der Republik, wie sie sich vom 5. bis 3. Jahrhundert v. Chr. entfaltet hatte, das einzigartige Vermächtnis unvergänglicher Staatsweisheit, deren Regeln nach wie vor verbindlich seien. In seinem Kommentar zu den patriotischen Geschichtswerken des Titus Livius aus augusteischer Zeit leugnete Machiavelli in der altrömischen Republik die Existenz von Klientelismus und nützlichen Netzwerken, die er im Florenz der Medici als fatale Zersetzungserscheinung anprangerte. Doch ging aus seiner Verherrlichung der römischen Republik nicht die Aufforderung zu blinder Nachahmung, sondern die Rechtfertigung des starken Staats und seine vollständige Ablösung von den Regeln der traditionellen christlichen Moral hervor. An deren Stelle trat das Prinzip der Staatsräson, die Machiavelli im republikanischen Rom durch politische Prozesse gegen die Großen, Verbannungen und konsequente Gleichheit vor dem Gesetz praktiziert sah.

9. Renaissance: Kulturglanz, Krise und Kritik

Mit Sixtus IV. (1471–1484) erlebte das Papsttum einen ebenso dramatischen wie folgenreichen Richtungswechsel. Francesco Maria della Rovere, so der Familienname des neuen Pontifex maximus, entstammte dem ligurischen Kleinbürgertum und war als renommierter Theologe zum General der Franziskaner aufgestiegen. Und dann das Unerwartete: Der einzige Ordenspapst der Zeit widmete sich der Erhöhung seiner Verwandten mit unerhörter Intensität; Ziele und Methoden des päpstlichen Nepotismus wurden über alle akzeptierten Normen hinaus erweitert. So erhob Sixtus nacheinander nicht weniger als sechs Neffen zu Kardinälen. Für das Gleichgewicht Italiens fatal wurde, dass der Papst für seinen weltlichen Hauptnepoten Girolamo Riario einen eigenen Staat in der Romagna erwarb. Denn damit war die Grenze zum politisch wie militärisch riskanten Territorialnepotismus überschritten und ein Tabu gebrochen. Am Ende genügte dem ehemaligen Gemüsehändler Riario selbst die Herrschaft über Imola und Forlì nicht mehr – das Königreich Neapel musste es sein. Obwohl der Papst bereit war, Besitzungen der Kirche als Lohn für venezianische Unterstützung bei dieser Eroberung abzutreten, gelang der große Coup nicht.

Parallel dazu baute Sixtus die kuriale Verwaltung aus, und zwar ebenfalls mit unorthodoxen Methoden. Notariats- und Sekretärs-Stellen wurden, meist im Dutzend aufgelegt, an solvente Bieter verkauft. Obwohl keine geistlichen Posten darunter waren und bei der Vergabe auch auf die fachliche Eignung geachtet wurde, verdichtete sich in großen Teilen Europas der Eindruck der Habgier und der Käuflichkeit aller Würden. Dabei setzte der Papst diese Veräußerungen zielgerichtet als ein Mittel der Klientelbildung und des Staatskredits ein; für das investierte Kapital bezogen die Amtsinhaber statt Zinsen Gehälter. Das war eine in die Zukunft weisende Maßnahme – von jetzt an wurden Stadtausbau und Nepotismus großenteils durch Kredite finanziert. Zusätzliche Mittel brachte der schwungvolle Handel mit Gnaden aller Art ein.

Nicht minder dynamisch zeigte sich Sixtus IV. als Stadtplaner und Bauherr. So ließ er die nach ihm benannte Palastkapelle des Vatikans sowie eine neue Brücke über den Tiber für die Pilger des Heiligen Jahres, den Ponte Sisto, errichten und stattete das uralte Hospital des Heiligen Geistes am Tiberufer mit repräsentativen neuen Räumlichkeiten aus. Alle diese Bauten waren ihrem Zweck nach fromm und gemeinnützig. Dass der Papst, der sie in Auftrag gab, die neuen Medien der Zeit zielgerichtet einzusetzen wusste, zeigen die Dekorationen deutlicher als die architektonischen Formen. So ließ Sixtus IV. die Wände der Sixtinischen Kapelle von einem umbrisch-toskanischen Malerteam mit Fresken ausschmücken, die zwar biblische Themen behandeln, doch unmittelbar auf die Gegenwart bezogene Botschaften zu verkünden haben. Sie sind am leichtesten in der Bilderserie zum Leben Moses fassbar, der als Vorläufer der ganzheitlichen Machtfülle des Papsttums auftritt. Gegner, die sich in Botticellis Schlüsselfresko der Rotte Korah gleich dreimal gegen ihn zusammenrotten, werden durch Intervention des Himmels zerschmettert – der Führer des Volkes Israel braucht nur den Arm auszustrecken, um diese Hilfe abzurufen. In der gegenüberliegenden, von Perugino gemalten Szene verleiht Christus dem Apostelfürsten Petrus die Schlüsselgewalt. Diesem weihevollen Akt der Einsetzung, der die Herrschaft des Papsttums über die Kirche und die Welt insgesamt begründet, assistieren die übrigen Apostel andächtig, demütig und unterwürfig: ein Wunschbild, im wahrsten Sinne des Wortes.

Doch nicht nur die Päpste, auch deren Nepoten ließen bauen, und zwar monumental. Sowohl der Palazzo Venezia, den ein Neffe Eugens IV., der spätere Paul II. (1464–1471), errichten

Christus setzt Petrus als seinen Stellvertreter ein, die übrigen Apostel sind sichtbar nachgeordnet und bilden wie die späteren Kardinäle den Hofstaat des Apostelfürsten. Auf diesem Bild Peruginos an der Wand der Sixtinischen Kapelle – einem wahrhaften «Schlüsselfresko» – feiert das Papsttum unter Sixtus IV. seine uneingeschränkte Macht über die Kirche.

ließ, als auch die Prunkresidenz, die im Auftrag Rodrigo Borgias nahe der Peterskirche erbaut wurde, waren steinerne Anwartschaften auf die höchste Würde – beide Male mit Erfolg. Ganz in diesem Geiste gab Kardinal Raffaele Sansoni Riario, ein Nepot Sixtus' IV., einen gewaltigen Palast in Auftrag, der noch zu seinen Lebzeiten an die Apostolische Kammer, das päpstliche Finanzministerium, fiel und danach Cancelleria genannt wurde. Sixtus' Kardinalsernennungen prägten Kurie und Papsttum für Jahrzehnte. Den nepotistischen Zielen entsprechend, die in der zweiten Hälfte des Pontifikats beherrschend hervortraten, wurden sie ganz überwiegend nach politischen und finanziellen Gesichtspunkten vorgenommen. Auf diese Weise füllte sich der Senat der Kirche mit einem neuen Typus des Kirchenfürsten; er lässt sich als jung, weltlich und nicht selten hedonistisch eingestellt, renditebewusst, ehrgeizig und zugleich immer weniger berechenbar beschreiben.

Das Leben im Rom dieser Jahre hat der Notar und Tagebuchschreiber Stefano Infessura ebenso anschaulich wie hasserfüllt festgehalten. Wo war die gute alte Zeit geblieben? Stattdessen überall Verbrechen, Unmoral, Teuerung und Käuflichkeit, in einem Wort: Dekadenz. Verantwortlich dafür machte Infessura, lebenslang ein treuer Parteigänger der Colonna und Sprachrohr der «Römer aus Rom», niemand anders als Sixtus IV. Unersättlich in seiner Lüsternheit und Habgier, habe diese Ausgeburt der Hölle mit der Tiara auf dem Haupt unablässig neue Steuern erfunden und Kriege angezettelt. Glauben darf man Infessura ungeachtet aller Parteilichkeit, dass Rom eine gewalttätige Stadt war. Die ausgeprägten Gegensätze zwischen Arm und Reich mussten Begehrlichkeiten wecken, die zu Diebstahl und Raubmord führten. Bezeichnenderweise wurde Habgier von den Predigern des Apostolischen Palastes als die Sünde der Zeit, ja des Zeitgeistes schlechthin angeprangert: Alle Schichten, speziell die oberen, seien zügellos in ihrem Streben nach immer mehr Besitz, Prunk und Luxus.

Das sollte sich schon im nächsten Konklave bewahrheiten, für das die Parteiführer angesichts der schwächlichen Gesundheit Innozenz' VIII., des Nachfolgers Sixtus' IV., seit geraumer Zeit gerüstet waren. Vor allem Rodrigo Borgia – inzwischen 61 Jahre alt – ging aufs Ganze, denn für ihn war es die voraussichtlich letzte Gelegenheit. In der drückend heißen Nacht des 11. August 1492 taten seine Parteigänger unter der Leitung des jungen und ehrgeizigen Kardinals Ascanio Maria Sforza, Bruder des Herrn von Mailand, kein Auge zu, sondern machten Wahlversprechen. Wahlgeschenke hatte Borgia reichlich zu vergeben: Bistümer, reiche Abteien, lukrative Ämter. Die kostbarste Trophäe, seinen verschwenderisch ausgestatteten Palast, bekam Sforza selbst als Prämie für seine guten Dienste. Dass der neue Nachfolger Petri energisch, durchsetzungsfähig, geschickt in Verhandlungen und mit ungewöhnlicher Überredungsgabe ausgestattet war, bezweifelte niemand. Tiefes Befremden auf der Seite der wertkonservativen Kardinäle aber hatte sein Lebensstil erregt; vor allem die jahrelange eheähnliche Beziehung mit Vannozza de' Cattanei und die Legalisierung der aus diesem Verhältnis hervorgegangenen Kinder Cesare, Lucrezia, Joffrè und Juan wurden als anstößig empfunden. Überdies hatte Borgia schon als Kardinal seinen Nachkommen zu Rang und Vermögen verholfen, und zwar nach dem Prinzip *do ut des:* geistliche Gnaden gegen adelige Titel und Ämter für seine Nepoten. Niemand konnte später behaupten, man habe nicht gewusst, was von diesem Mann zu erwarten sein würde.

Der zweite Borgia-Papst nannte sich Alexander VI. – eigentlich hätte er der fünfte dieses Namens sein müssen, denn Alexander V. (1409–1410) wurde offiziell als Gegenpapst gezählt. Der Pontifikat begann unter der Leitung des «Papstmachers» Sforza unselbständig und defensiv zugleich. Ja, als der französische König Karl VIII. 1494 zur Eroberung des Königreichs Neapel auszog, drohte Alexander sogar die Absetzung. Doch den Franzosen war ein erpressbarer Papst am Ende nützlicher als ein neu gewählter. Nachdem eine italienische Liga den Eindringling wieder über die Alpen zurückgetrieben hatte, konnte Alexander VI. mit tatkräftiger Unterstützung seines militärisch begabten Sohnes Cesare endlich daran gehen, die eigentlichen Ziele seines Pontifikats zu verfolgen. In den folgenden sieben Jahren wurde seine Tochter Lucrezia dreimal verheiratet. Ihre erste Ehe mit Giovanni Sforza aus einer Seitenlinie des Mailänder Herzogsgeschlechts wurde aus politischen Gründen für ungültig erklärt, ihr zweiter Gatte aus einem Zweig der in Neapel regierenden aragonesischen Dynastie von Cesare ermordet. Lucrezias Heirat mit Alfonso d'Este, dem Thronfolger des Herzogs von Ferrara, machte der Papst dieser adelsstolzen Dynastie mit einer Mitgift schmackhaft, die nicht nur aus viel Geld, sondern auch aus Gebieten des Kirchenstaats bestand.

Cesare Borgia wurde zum Kardinal erhoben, legte den Purpur jedoch im August 1498 wieder ab, um die Eroberung eines Familienfürstentums in der Romagna voranzutreiben – der Verzicht auf eine so hohe Würde zu so weltlichen Zwecken erfüllte die Christenheit mit Empörung. Kurz darauf verbündete sich der Papst mit dem neuen französischen König Ludwig XII. Und wieder kam es zu einem groß angelegten «Ich gebe, damit du gibst». Alexander annullierte Ludwigs Ehe mit Jeanne de France, so dass der König die Witwe seines Vorgängers, Anne de Bretagne heiraten und deren Herzogtum unter seine Kontrolle bringen konnte. Als Gegenleistung erhielt Cesare das Herzogtum Valence und Truppen zur Eroberung der Romagna. Die Grausamkeit und Wortbrüchigkeit, die der Sohn des Papstes dabei an den Tag legte, erfüllten Italien mit Schrecken. Terror gegen große und kleine Feinde diente nicht nur als Mittel der Einschüchterung, sondern wurde bewusst zum Image der Familie ausgestaltet – und ins Unheimliche gesteigert. Unterfeldherrn, darunter Vertreter des Hauses Orsini, die Widerworte gewagt hatten, lud Cesare auf den letzten Tag des Jahres 1502 zu einem Versöhnungstreffen nach Senigallia ein; kaum waren die Condottieri eingetroffen, schnappte die Falle zu, mit tödlichen Folgen für die Überrumpelten. In Rom wiegte Alexander VI. unterdessen den Kardinal Orsini durch nächtelanges Kartenspiel in Sicherheit, um ihn nach Cesares Vollzugsmeldung in den Kerker der Engelsburg werfen zu lassen; dort segnete der überlistete Kirchenfürst alsbald das Zeitliche. Wenige Wochen später ließen Vater und Sohn den betagten Kardinal Giovanni Michiel aus Venedig vergiften; zum Verhängnis wurde diesem sein Reichtum, den Cesare zur Finanzierung seiner Feldzüge benötigte.

Im Sommer 1503 planten die Borgia ihren kühnsten Coup: den Abfall von Frankreich und den Übertritt auf die spanische Seite. Doch dazu kam es nicht mehr. Alexander erkrankte und starb im August an Malaria, Cesares Machtstellung brach daraufhin wie ein Kartenhaus zusammen. Die Borgia hatten alles für sich gewollt und ihren wechselnden Verbündeten zu wenig geboten; in der Stunde der Not wurden sie daher von allen verlassen. Vor allem aber hatten sie Regeln verletzt, die wieder in Kraft gesetzt werden mussten, um das Papsttum vor noch schwererem Schaden zu bewahren.

In den Augen der europäischen Öffentlichkeit war das Papsttum einer fürstlichen Herrschaft zum Verwechseln ähnlich geworden. Verweltlichung: so lautete daher der Hauptpunkt der Anklage. Der Stellvertreter Christi hatte sich einen Hof zugelegt, Kirchenfürsten entfalteten einen Prunk, der sich mit dem geistlichen Stand nicht vereinbaren ließ. Die Spitzenpositionen der Kurie wie der Kirche in ganz Europa wurden nicht an die

Würdigsten, sondern an die Reichsten und Mächtigsten vergeben. All zuviel war käuflich, die Kurie ein aufgeblähtes und teures Verwaltungszentrum, der Bildungsstand der Kleriker abgesunken. Dazu kam der ebenso exzessive wie aggressive Nepotismus. Auf alle diese Vorwürfe blieb die römische Seite ihre Entgegnung nicht schuldig. Seelen fange man heute nicht mehr mit apostolischer Schlichtheit, sondern durch Prunk, und zwar in den Kirchen wie in der Lebensführung der Kirchenfürsten. Prachtentfaltung sei daher ein Mittel der Hinführung zu Gott. Kardinäle verkörperten die Autorität der Kirche und hätten daher auch mit den sichtbaren Zeichen ihrer hohen Würde aufzutreten. Das Gegenargument reformorientierter Intellektueller wie des großen Humanisten Erasmus von Rotterdam, dass das Papsttum seinen Auftrag durch Mildtätigkeit, Seelsorge und Selbstaufopferung zu erfüllen habe, fand an der Kurie wenig Gehör. Auf Resonanz hingegen stieß es bei jüngeren Klerikern, die – vorerst noch wenig beachtet – ebenfalls auf eine innere Erneuerung der Kirche hinarbeiteten. Doch das waren Debatten einer schmalen Elite. Massenwirksam wurde allein, wie sich die Ewige Stadt als Spiegel des Papsttums darbot bzw. welches Bild man dem breiten Publikum von den römischen Zuständen vermittelte. Korrekturen am Image waren daher dringend erforderlich.

Zu diesem Zweck brandmarkte Julius II. (1503–1513), der Neffe Sixtus' IV., die Borgia als verbrecherische Veruntreuer des Petrus-Erbes. Zudem wurden einige notorische Steine des Anstoßes aus dem Weg geräumt. Der neue Papst hatte keine Mätressen und förderte keine leiblichen Nachkommen. Er ließ einen Neffen durch Adoption zum Nachfolger des kinderlosen Herzogs von Urbino bestimmen. Und der glückliche Zufall wollte, dass diese Erbfolge 1508, unter der schützenden Hand des Papstes, eintrat, wodurch dieser der Notwendigkeit zu eigenem Territorialnepotismus enthoben war. In der ganzen Christenheit berüchtigt aber wurde Julius als Heerführer, der zur Rückeroberung verlorener Städte des Kirchenstaats ins Feld zog. Mochte sich der unerschrockene Greis dabei in den Augen seiner Soldaten noch so sehr durch Unbeugsamkeit und Tapferkeit auszeichnen, dem Ansehen des Amtes wurde dadurch irreparabler Schaden zugefügt.

Unter Julius' Nachfolger Leo X. (1513–1521) aus der Familie de' Medici setzte sich dieser Reputationsverlust auf andere Weise fort. Seinem zweiten Sohn Giovanni hatte Lorenzo bereits als Dreizehnjährigem ein Kardinalat verschafft, und zwar als Gegenleistung dafür, dass der Sohn Innozenz' VIII. eine Schwester des neuen Kirchenfürsten heiraten durfte. Mit 37 Jahren sensationell jung zum Papst gewählt, pflegte Leo einen äußerst hedonistischen Lebensstil. Der Vatikan wurde zur Bühne der farbenprächtigsten Schauspiele; Komödien, Stegreifrezitationen und ritterliche Turniere folgten aufeinander. Doch das war nur die eine, die heitere Seite des Pontifikats; rücksichtslose Machtpolitik im Interesse der Familie Medici bildete die Schattenseite. Für seine Verwandten vertrieb Leo die Della Rovere aus Urbino, obwohl er diesen zu Dankesschuld für Hilfe in Zeiten des Exils verpflichtet gewesen wäre. Zudem beteiligte er sich am Kampf der Großmächte Spanien und Frankreich um Mailand. Die Anfänge der Reformation im Reich hingegen verfolgte Rom mit weitaus geringerer Aufmerksamkeit; in Luther sah man an der Kurie einen von intriganten Reichsfürsten aufgehetzten Mönch, den man mit den bewährten Methoden von Zuckerbrot und Peitsche zur Raison bringen würde. Hadrian VI. (1522–1523), der nach Leos frühem Tod kaum länger als ein Jahr in Rom regierte, bemühte sich nach Kräften um einen Kurswechsel. Doch als Niederländer hatte er in der Ewigen Stadt weder Anhang noch Ansehen. Ansätze zur Reform blieben deshalb stecken. Und mit seinem Nachfolger Clemens VII. (1523–1534), dem Vetter Leos X., wagte sich das Papsttum weiter denn je auf das offene Meer der europäischen Machtpolitik hinaus.

Zu diesem Zeitpunkt stand Rom, verstanden als Abbild und Sinnbild des Papsttums und seiner Lehre, im Zentrum einer europaweit geführten Debatte: Spiegelte die Ewige Stadt die Mächte des Himmels oder der Finsternis wider?

10. Neues Jerusalem – Garten der Lüste

Der deutsche Humanist Ulrich von Hutten (1488–1523) hatte es auf die polemischste aller Formeln gebracht: Hort aller Laster, Mittelpunkt des abgefeimtesten Betrugs, Zentrum des Unglaubens. Mit diesen Eigenschaften, so Hutten, vereine die Ewige Stadt wie in einem Brennspiegel die Eigenschaften des Papsttums und der italienischen Nation in sich. Wie er sahen viele andere europäische Reisende dieses Bild bei ihrem Rom-Aufenthalt bestätigt und gaben es mit dem vermeintlichen Gütesiegel der Erfahrung und Authentizität an ihr Publikum weiter.

Was hatten sie gesehen? Mit Sicherheit ein gemischtes, aus harten Kontrasten zusammengesetztes Stadt-Bild. Die Grundsubstanz der gemauerten Stadt blieb weitgehend unverändert. Sie bestand weiterhin aus engen, dunklen Gassen mit ungeregelter Abfallentsorgung. Verrottende Überreste von Pflanzen und Tieren trieben feinsinnige Ästheten durch Anblick und Gestank zur Verzweiflung. Kluge Politiker hingegen brachte derselbe Anblick ins Grübeln: Wie sollte man in diesem unüberschaubaren Gewirr krummer Sträßchen und lichtloser Winkel eines Aufstandes Herr werden?

Zugleich wurden in diesem urbanistischen Wildwuchs die Glanz- und Orientierungspunkte allmählich zahlreicher. Alexander VI. ließ den Interessen seines Pontifikats entsprechend die Engelsburg befestigen, für Notfälle den Fluchtgang vom Vatikan in dieses immer komfortabler ausgestaltete Refugium anlegen und die Gemächer seiner Sippe im Vatikan ausschmücken. Aus der von Pinturicchio gemalten Dekoration mit überwiegend traditionellen Themen fällt nur ein einziger Zyklus heraus: In der Decke der Sala dei Santi ist der Mythos von Isis und Osiris auf Borgia-Art abgewandelt. Der Stier, als welcher der gemeuchelte und wieder zusammengesetzte Gott Osiris erscheint, tritt als Wappentier der Papstfamilie in sein neues, kraftstrotzendes

Leben. Man musste sich schon gehörige Deutungs-Mühe geben, um darin die christliche Wiederauferstehung widergespiegelt zu sehen. Zum eigentlichen Bauherrn des neuen Rom, das sich als Neues Jerusalem verstand, aber wurde Julius II. Er hatte die einmalige Gelegenheit, so große Künstler wie Bramante, Michelangelo Buonarroti und Raffaello Sanzio in Dienst zu stellen – und nutzte sie weidlich.

Sein Hauptprojekt war die neue Peterskirche. Doch das war nicht mehr der Neubau Nikolaus' V., dessen Stützpfeiler bereits an eine Bauruine gemahnten, sondern ein eigenes, viel kühneres Vorhaben. Bramante plante statt einer Basilika in traditioneller Kreuzform einen imposanten Zentralbau unter einer riesenhaften Kuppel. Dieses griechische Kreuz war theologisch schon bedenklich genug; als noch anstößiger musste erscheinen, dass der martialische Papst sein Monumentalgrabmal inmitten der Vierung aufstellen lassen wollte. Julius und nicht der Amtsbegründer Petrus würde so im Zentrum der Verehrung stehen. Unweit davon zeigen Raffaels Fresken in den Vatikanischen Stanzen neben der ungebrochenen Kontinuität und dem himmlischen Schutz des Papsttums die Verheißung einer strahlenden Endzeit: Unter der Führung des Papsttums werde die Menschheit im Geistes eines milden und duldsamen Christentums vereint werden; versöhnlich war diese Lehre dadurch, dass sie auch in den anderen Religionen Spuren der einen und unteilbaren göttlichen Wahrheit anerkannte, die ihre vollgültige Offenbarung im Evangelium fand.

Diese Verheißungen eines Goldenen Zeitalters unter der Ägide Roms kontrastierten eigentümlich mit der Gärung in der Kirche am Vorabend der Reformation und dem Vordringen des Osmanischen Reiches. Die Zeichen standen auf Krieg, innen wie außen. Doch dadurch ließ sich das Papsttum in seinen Visionen einer leuchtenden Endzeit nicht beirren. Nicht nur die Religionen, sondern auch die Zeiten, Vergangenheit und Gegenwart, Antike und Christentum, sollten jetzt versöhnt werden. In Raffaels Fresko des Parnasses sind die großen heidnischen und christlichen Dichter, Homer und Dante, einträchtig im Kult des Wahren und Schönen vereint. Das Bild umrahmt überdies ein

Fenster, durch welches der Blick auf den Vatikanischen Hügel fällt: Er ist der neue Musensitz, auf dem das Christentum das Altertum harmonisch in sich aufnimmt. In diesem Sinne ließ sich der Papst auf einer Medaille als Julius Cäsar II. Pontifex maximus feiern. Die Antike war von allen Schlacken gereinigt worden, ihr politisches Erbe konnte bruchlos angetreten werden. Was kuriale Humanisten begeisterte, stieß bei ihren Kollegen nördlich der Alpen auf Ablehnung. In unüberbrückbarem Gegensatz zum römischen Kulturerfüllungs-Triumphalismus hoben sie – bei aller Hochschätzung der antiken Sprachen und Kultur – die durch die Erlösungstat Christi verursachte historische Zäsur und die ewige Gültigkeit der urchristlichen Prinzipien Armut, Weltflucht und Selbstlosigkeit für Kirche und Papsttum hervor.

In diesem Licht betrachtet, war der Abriss der alten Petersbasilika, der sich nach 1506 unter der Leitung Bramantes ebenso rapide wie rücksichtslos vollzog, für viele von ihnen ein symbolischer Akt. Im Vandalismus der Zerstörung sahen sie die Pietätlosigkeit, ja Entwurzelung eines Papsttums widergespiegelt, dessen Wesen sich im Laufe seiner Geschichte ins schiere Gegenteil verkehrt hatte. Und der Verdacht, dass das Papsttum in Wirklichkeit dem Antichristen in die Hände spielte oder gar mit diesem identisch war, verdichtete sich. War dessen Wirken nicht Lügenhaftigkeit, Betrug und Ausschweifung? Und fand man diese Unsittlichkeit in Rom nicht allenthalben wieder, auf den Straßen wie in den schwelgerisch ausgestatteten Palästen der Mächtigen? Ein propagandistischer Gemeinplatz trat seinen Siegeszug durch Europa an: Rom, das neue Babylon, der verworfenste aller Orte, würdige Hauptstadt des perfiden Nachäffers Christi. Als Belege für diese bestürzende Gleichsetzung mussten vor allem die römischen Prostituierten herhalten, über deren Menge phantastische Zahlen in Umlauf gesetzt wurden; zehntausend war das mindeste, viele boten (und bieten) mehr. Augenmaß ist umso mehr gefordert.

Dass das älteste aller Gewerbe in Rom florierte, erklärt sich schon daraus, dass die Führungsschicht zur ehelosen Lebensweise verpflichtet war. Zudem war für viele hedonistisch eingestellte Prälaten und Kardinäle der Bruch des Keuschheits-Gelöbnisses allenfalls eine lässliche Sünde. Vor diesem Hintergrund konnten sich am Tiber Kurtisanen niederlassen, die käufliche Liebe zusammen mit verfeinerter Geselligkeit, Bildung und Kultiviertheit offerierten. So wie theologisch betrachtet die Grenze zur Antike ihre waffenstarrende Feindseligkeit eingebüßt hatte, so wurden unter dem Pontifikat Leos X. auch die üppigen Lebensformen des römischen Adels in der Kaiserzeit imitiert. Der aus Siena stammende Bankier Agostino Chigi etwa veranstaltete im lauschigen Park seiner prunkvollen Villa am Tiberufer (heute Villa Farnesina) Bankette, die mit den Gastmählern des Lukullus konkurrieren konnten.

Der Kult der schönen Dinge und des luxuriösen Lebens hatte, von Florenz kommend, Rom erreicht; unter dem Florentiner Leo X. verschmolzen große Kunst, Raffinesse der Lebensform, hemmungsloser Lebensgenuss und antik eingefärbtes Christentum zu einer einzigartigen Synthese. Neben Possenreißern und Spaßmachern zogen die Medici-Päpste florentinische Patrizier wie Francesco Guicciardini und Francesco Vettori an den Tiber. Dort bekleideten sie nicht nur politische Führungspositionen, sondern gewannen aus ihren Beobachtungen die empirische Grundlage für eine neue Wissenschaft der Geschichte und der Politik. Aus dem Wechselspiel von Schein und Sein, aus der Geschichte des Papsttums, seiner Propaganda und seinem Machtstreben zogen sie den Schluss, dass sich die Vergangenheit nie wiederholt, dass man daher auch nicht aus der Geschichte für die Zukunft lernen kann. Die römische Republik verlor so ihren Rang als Lehrmeisterin des politischen Handelns. Ja, die Antike insgesamt schrumpfte – Blasphemie in den Augen gläubiger Humanisten! – zu einer Epoche unter anderen. Gleichzeitig, doch in schroffem Gegensatz dazu entwickelten sich unter dem Eindruck eines vorwiegend politisch aktiven Papsttums die Ansätze einer kirchlichen Reform weiter. Bis ihre Wortführer den langen Weg durch die Institutionen erfolgreich bewältigt hatten, sollte es allerdings noch einen Pontifikat lang dauern; für Rom wurde es der fatalste seiner Geschichte.

11. Sacco di Roma und Neuanfang

Obwohl dem Lebensgenuss seines Vetters Leo X. zutiefst abhold, war Clemens VII. für seinen Chefberater Guicciardini als Herrscher eine Fehlbesetzung. Denn der zweite Medici-Papst war zwar von seiner hohen Würde durchdrungen und machtbewusst, jedoch unfähig, an einer einmal getroffenen Entscheidung festzuhalten. Diese Eigenschaften zeitigten in einer krisenhaften Umbruchzeit welthistorische Konsequenzen. So löste im fernen Britannien König Heinrich VIII., von der römischen Hinhaltetaktik in Sachen Ehescheidung erbost, sein Land definitiv aus der römischen Gefolgschaft heraus. Das konnte den einfachen Römern gleichgültig sein. Doch auch sie bekamen die Folgen der unsteten Politik ihres Herrn am eigenen Leibe zu spüren – und wie.

Am 24. Februar 1525 fand der seit einem Vierteljahrhundert tobende Kampf um Mailand sein vorläufiges Ende; König Franz I. von Frankreich geriet in der Schlacht von Pavia in die Gefangenschaft seines Erzrivalen Kaiser Karl V., der zugleich König von Spanien war. Wie sich Rom zu diesem neuen Hegemonialherrscher Europas stellen sollte – als Verbündeter oder Gegner –, darüber wurde im Beraterstab Clemens' VII. lebhaft und kontrovers debattiert. Am Ende setzte sich die Partei durch, die für einen unabhängigen und notfalls oppositionellen Kurs votierte; das war eine Vorgabe, die nur mit beträchtlichem Fingerspitzengefühl, Risikobewusstsein und vor allem Geradlinigkeit erfolgversprechend sein konnte. An all diesen Qualitäten aber gebrach es dem Papst im höchsten Maße. Schon zwei Jahre später war der Weg in den Abgrund vorgezeichnet. Nach mehrfachen Bündnis- und Richtungswechseln – nicht von Wagemut, sondern von Unentschiedenheit und Angst diktiert – hatte Rom selbst bei seinen Alliierten jeden Kredit verspielt. Karl V. seinerseits nahm Clemens übel, dass dieser seinen französischen Ge-

genspieler vom Eid gelöst hatte, den dieser als Voraussetzung für seine Freilassung hatte schwören müssen.

Dazu kam ein fataler Zufall. Die deutschen Landsknechte, die in Karls Auftrag nach Italien zogen, verloren durch einen Schlaganfall ihren Kommandanten Georg von Frundsberg, der sie noch am ehesten hatte bändigen können. Der jetzt alleine bestimmende Feldherr Charles de Bourbon aber war von seinem Landesherrn, König Franz von Frankreich, abgefallen und nach mancherlei Täuschungsmanövern zu dessen Todfeind Karl übergegangen – in den Augen des aristokratischen Europa war das ein Verrat, dessen Makel allenfalls ein heroischer Tod tilgen konnte. Bourbon war so für eine Politik des «Alles oder nichts» geradezu prädestiniert. Auf der anderen Seite sahen Clemens' italienische Verbündete unter der Führung des – nach Vertreibung der Medici in sein angestammtes Territorium zurückgekehrten – Herzogs von Urbino keinen Anlass, für den unberechenbaren Papst allzu viel zu riskieren. So folgte ihre Armee dem immer schlechter verproviantierten, immer abgerisseneren und immer verzweifelter marodierenden Aufgebot des Kaisers in sicherem Abstand, sorgfältig darauf bedacht, jedes Gefecht zu vermeiden. Am Abend des 4. Mai 1527 hatte dieser wilde Heerhaufen schließlich die Ewige Stadt erreicht. Dort wartete Bourbon erst einmal auf Sendboten des Papstes – und deren Vorschläge. Boten sie genügend Geld, um die Truppen zufriedenzustellen, war ein Abzug ohne Kampf keineswegs ausgeschlossen. Im Gegenteil: Niemand aus diesem entkräfteten Heer war auf einen potentiell verlustreichen Kampf um die römischen Mauern sonderlich erpicht. Doch die Emissäre kamen nicht. Clemens wähnte sich mehr denn je in Sicherheit; sparsam wie er war, glaubte er zudem, solche Summen anderweitig besser verwenden zu können.

So aber hatten die Söldner nur die Wahl zwischen Verhungern und Sturmangriff. Er setzte in den frühen Morgenstunden des 6. Mai ein, und zwar an der ungeschütztesten Stelle westlich der Peterskirche. Hier hatte ein braver Handwerker seine Werkstatt nebst unvergittertem Fenster in die Mauer gebaut, was die Kontrolleure bei ihren oberflächlichen Inspektionen schlicht übersehen hatten. Bei den Attacken auf diesen Schwachpunkt und an anderen, kaum besser geschützten Stellen warfen sich den Angreifern nur schwache Kräfte entgegen. Allerdings wurde Bourbon schon beim ersten Sturm tödlich getroffen; er soll die finale Geistesgegenwart gehabt haben, seinen todwunden Körper zudecken zu lassen, damit die Feinde nicht Mut schöpfen sollten. Das stand nicht zu befürchten, denn die spanischen und deutschen Söldner kannten jetzt kein Halten mehr und ergossen sich in das separat ummauerte Borgoviertel beim Vatikan. In buchstäblich letzter Sekunde konnte sich Clemens VII., von der Schweizer Garde gedeckt, in die uneinnehmbare Festung der Engelsburg retten; von dieser 21 Jahre zuvor auf Betreiben Julius' II. gegründeten Eliteschutztruppe fielen 147 Mann im Kampf, nur 42 überlebten. Jetzt rächte sich, dass niemand für nötig befunden hatte, die Tiberbrücken unpassierbar zu machen. Nachdem die – gleichfalls ungenügend bewehrten – Mauern des Stadtteils Trastevere überwunden waren, strömte das feindliche Heer am späten Nachmittag ungehindert in die reichen Stadtteile diesseits des Flusses. Nächte und Tage voller Schrecken brachen an.

Der damals achtzehnjährige Marcello Alberini, der im Desaster der Ewigen Stadt fast seine ganze Familie verlor, hat die Methoden der Plünderung genau festgehalten. Basiseinheit waren Gruppen von etwa einem Dutzend Söldnern, die alle gefangen nahmen und erpressten, die sie für lohnende Opfer hielten; wer seine Besitztümer nicht gleich offenbarte, wurde systematisch gefoltert. Reiche Leute mussten sich so – nicht selten bis zu fünf oder sechs Mal – von einer Plünderung freikaufen, die am Ende dennoch über sie hereinbrach. Und als Spanier und Deutsche am Ende nichts mehr wegzutragen fanden, brachen Horden ausgehungerter Bewohner des römischen Umlands herein, die vollends raubten, was nicht niet- und nagelfest war. Eine militärische oder politische Autorität fehlte vollständig; rivalisierende Söldnergruppen stürzten sich nicht nur auf die Römer, sondern auch aufeinander. Erst nach und nach gelang es einer Art Führungskomitee unter Leitung des Prinzen von Oranien, ein Minimum an Disziplin und Ordnung zurückzugewinnen. Zur Misshandlung, Vergewaltigung und materiellen Plünderung kam die symbolische Schändung. Hohe Prälaten wurden, mit Schandkostümen angetan, auf Spottprozessionen getrieben, die verhöhnten, was der alten Kirche heilig gewesen war: Sakramente, Gebete, Wallfahrten.

Die fünfte Plünderung, die Rom in zwei Jahrtausenden erlebte, prägte sich dem Gedächtnis der Römer tiefer ein als alle anderen. Und nicht nur ihnen: Die systematische Schändung der päpstlichen Hauptstadt war ein Medienereignis ohnegleichen. Historiker, Reformatoren, Humanisten und natürlich die Täter selbst verbreiteten ihre Sicht der unerhörten Ereignisse. Beklagte der feinsinnige Pazifist Erasmus von Rotterdam den Ausbruch menschlicher Bestialität und den Verlust unersetzlicher Kulturgüter, so bewerteten Luther und seine Anhänger die Katastrophe als verdiente Strafe Gottes.

Diese Meinung teilten nicht wenige der Plünderer. In Fresken des Vatikans und der Farnesina haben sie Grafitti eingekratzt, die ihre Sicht der Dinge zum Ausdruck brachten: Nieder mit dem Antichristen in seinem neuen Babylon! Wie man mit der Papstkirche und ihren teuflischen Anhängern verfahren sollte, hatten die deutschen Landsknechte aus Holzschnitten pro-reformatorischer Flugblätter gelernt; die dort abgebildeten Szenen brauchten sie nur noch nachzuspielen. Doch wurden sie ihres Triumphes nicht lange froh. Die langen Wochen der Anarchie, während derer die Soldateska die Reichen und Mächtigen das Fürchten lehrte, endeten in einer Hungersnot. Die Felder waren im Frühjahr unbestellt geblieben, Brot wurde kostbarer als Gold. Und wie immer in solchen Fällen ließ die Epidemie nicht auf sich warten. Fromme Gemüter glaubten darin die Strafe für die Plünderung zu erkennen.

Clemens VII. aber war so hilflos wie erpressbar; er musste eine spanische Besetzung der Engelsburg zulassen, Knebelverträge unterschreiben und schließlich im Dezember 1527, nach siebenmonatiger Gefangenschaft, ins Exil nach Orvieto ziehen. Doch zeigte sich bald, dass weltliche und geistliche Gewalt weiterhin aufeinander angewiesen waren. Am Ende zog Karl seine Truppen ab und ließ sich 1530 in Bologna von Clemens zum

Kaiser krönen. Ein Heiratsbündnis zugunsten der Medici besiegelte das Einvernehmen – als sei nichts gewesen. Und auch Rom räumte auf und fand erstaunlich schnell zur Normalität zurück. Kurz vor dem Sacco hatte eine für die Zeitverhältnisse ungewöhnlich gründliche Volkszählung etwas mehr als 55 000 Einwohner ergeben. Der Plünderung und ihren Folgen fielen ungefähr 4000 von ihnen zum Opfer. Doch dieser demographische Aderlass wurde bald wieder wettgemacht. Ja, seit den 1560er Jahren wurden die Wohnungen knapp und die neuen Stadtviertel Borgo Pio und Borgo Vittorio beim Vatikan gebaut. Ein halbes Jahrhundert später zählte die Ewige Stadt mehr als 100 000 Seelen. Der Sacco war keine reale Zäsur, sondern lebte als Mythos fort.

Mythos ist auch, dass das Papsttum aus der Katastrophe einschneidende Konsequenzen gezogen habe. Clemens VII. setzte seine Regierung in den gewohnten, von Angst und Entschlusslosigkeit einerseits und Nepotismus andererseits vorgegebenen Bahnen fort. Und auch Selbstverständnis und Selbstdarstellung wandelten sich nicht. Der zweite Medici-Papst erteilte zwar Michelangelo den Auftrag zum Fresko des Jüngsten Gerichts an der Stirnwand der Sixtinischen Kapelle, doch als ein Eingeständnis historischer Schuld oder gar als eine Bußleistung in Farben war dieses Bildthema nicht gemeint. Im Gegenteil: Rom zog aus dem Sacco wie gehabt den Schluss, dass die Mächte des Bösen heftiger denn je tobten, doch am Ende zu Schanden werden mussten. Ihrer harrte die Hölle.

12. Konzil und Reform

Zeichen einer Neubesinnung und Neuausrichtung mehrten sich erst unter Paul III. (1534–1549). Unter anstößigen Umständen zum Kardinal erhoben – seine Schwester Giulia war die Mätresse Alexanders VI. –, hatte Alessandro Farnese seiner Anwartschaft auf das Papstamt in einem der großartigsten Paläste

Roms Ausdruck verliehen. Und als Papst machte er seinen leiblichen Sohn Pierluigi zum Fürsten von Parma und Piacenza. Das alles war seit Sixtus IV. üblich. Zugleich aber wandelten sich die Kriterien, nach denen neue Kardinäle erhoben wurden. Profilierte Vertreter der kirchlichen Erneuerung wie Jacopo Sadoleto und Gasparo Contarini erhielten jetzt den Purpur. Und schließlich berief der Farnese-Papst 1545 das Konzil nach Trient ein, dessen Zusammenkunft seit einem Vierteljahrhundert von allen Seiten gefordert worden war. Die Furcht vor einem Wiederaufleben des Konziliarismus, die Clemens VII., seinem Naturell entsprechend, hatte zögern lassen, trat jetzt hinter den Erwartungen und Hoffnungen zurück, die sich an eine solche Kirchenversammlung knüpften. Eine dogmatische Abgrenzung von den reformatorischen Lehren war für den Reformflügel der Kurie ebenso überfällig wie die Abstellung der Ärgernisse, die in der Christenheit seit einem Jahrhundert für Unruhe gesorgt hatten.

1563, nach Abschluss des Konzils, konnte das Papsttum eine positive Bilanz ziehen; das scheinbar Unmögliche, durchgreifende Reformen zu beschließen und zugleich die Macht des Nachfolgers Petri nicht nur zu behaupten, sondern weiter zu stärken, war gelungen. Nach harten Kämpfen hatte sich in Trient der römische Einfluss durchgesetzt. Radikalreformer, welche die Residenz der Bischöfe in ihrer Diözese und die Ausstattung der Kirchenfürsten mit einer einzigen Pfründe verbindlich festschreiben wollten, fanden keine Mehrheit; hier blieb – bei dringenden Empfehlungen zu einem strengen Vorgehen – den Päpsten weiterhin die letzte Entscheidung vorbehalten. Auf der anderen Seite wurde der so genannte Pluralismus, die Verleihung mehrerer Bistümer an einen einzigen Kirchenfürsten, erfolgreich zurückgedrängt und die Ausbildung des Priesternachwuchses durch das Seminardekret neu geregelt, das erstmals eine solide theologische Ausbildung sicherstellte. Dazu waren die von protestantischer Seite so heftig bestrittenen Dogmen der freien Kooperation des menschlichen Willens mit der Gnade, die Gültigkeit des Ablasses, der Stellenwert der Sakramente als Heilsmittel sowie die Messe als Opfer und die Transsubstantiation, die Wandlung der Substanz von Brot und Wein in Fleisch und Blut Christi, definitiv festgelegt worden. Innerlich und äußerlich gestärkt, konnte Rom daran gehen, verlorenes Terrain zurückzugewinnen. Zu diesem Zweck waren auch die Waffen der Propaganda neu geschmiedet worden.

Das Konzil hatte nämlich auch ein Dekret über die Bilder verabschiedet, das die Selbstdarstellung von Kirche und Papsttum auf eine neue Grundlage stellte. Dabei erwiesen sich die Schlussfolgerungen Nikolaus' V. als aktueller denn je: Den Konkurrenzkampf der Konfessionen, der jetzt so heftig tobte, konnte das Papsttum nur gewinnen, wenn sich ein neues, gereinigtes Bild von Rom in Köpfen und Gemütern festsetzte – und so das andere, tief verwurzelte Bild der päpstlichen Hauptstadt als Hort aller Laster überdeckte und schließlich verdrängte. Um dieses Idealbild zu verbreiten, musste das Erscheinungsbild der Stadt von Grund auf umgestaltet werden. Als Spiegel des reformierten Papsttums sollte die steinerne wie die lebende Stadt von jetzt an strengste Sittlichkeit, rigorose Überwindung alles Heidnischen und rastlose Selbstaufopferung für das Wohl der Untertanen wie der gesamten Christenheit aufscheinen lassen. Mit dieser neuen Selbstdarstellung wandelte sich auch das Bild der Antike. Rom deutete sich und damit auch seine Geschichte neu.

Dabei hatte Paul III. noch keine Skrupel gekannt, den heidnischen Kaiser Mark Aurel zum Sinnbild seiner eigenen, über Kirche und weltliche Herrscher gebietenden Macht umzudeuten. So wie der heidnische Philosophenkaiser auf dem von Michelangelo neu gestalteten Kapitolsplatz hoch zu Ross über seiner Hauptstadt schwebt, so sollte der Papst über die Christenheit herrschen: weise, gütig und unbeschränkt. Der Stellvertreter Christi hatte sich zum Heil der Menschheit das Imperium angeeignet. Und die gezähmte Stadtgemeinde durfte ihr Quartier in den herrlichen neuen Palästen zur Seite der Reiterstatue beziehen und diesem Triumph demütig beiwohnen. Vierzig Jahre später schlug Sixtus V. ganz andere Töne an. Auf dem Vatikanischen Obelisken, den er 1586 zum Erstaunen Europas und speziell der Experten, die eine solche Operation für technisch undurchführbar gehalten hatten, auf dem Petersplatz aufstellen ließ, wurde das Kreuz als Siegerin der Geschichte ver-

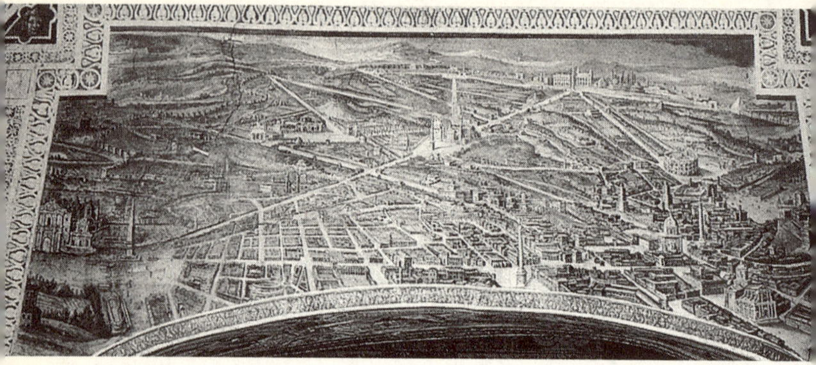

Heil dir im Strahlenglanz! Das Fresko in der vatikanischen Bibliothek zeigt das neue Rom mit seinen geraden Pilgerstraßen, wie es Papst Sixtus V. vorschwebte. Doch so kranzförmig übersichtlich ist das urbane Gewebe bis heute nicht geworden. Zu kurz regierte der zu allem entschlossene Stadtbauherr, zu viele Interessen standen dagegen.

herrlicht. In seinem Zeichen hatten die Machtlosen über die Mächtigen, die Märtyrer über ihre Verfolger, die Christen über die Götzenanbeter gesiegt. Das Kreuz hatte dem heidnischen Imperium die Dämonen ausgetrieben. Der Kirche, die auf das Kreuz gegründet war, gebührte jetzt die Herrschaft über das Imperium, denn diese Herrschaft war durch Blut gewonnen und durch Blut reingewaschen.

Solche Zeichen, solche Bilder häuften sich nach dem Konzil von Trient. 1582 war der Märtyrerzyklus in der Kirche Santo Stefano Rotondo auf dem Celio gemalt worden, der den strengen Sixtus V. zu Tränen rührte. In einem triumphalen Totentanz werden hier die Glaubenszeugen mit ausgefallensten Foltertechniken gequält und mit ausgeklügeltsten Methoden vom Leben zum Tode gebracht. Dieses Sterben aber ist ihr Sieg, denn das Martyrium schenkt den Gequälten das ewige Leben. Und die Herrlichkeit des Paradieses genießen die Blutzeugen schon im Moment der Marter, die sie mit seligem Lächeln wie ein Geschenk entgegennehmen. Die heidnischen Kaiser, die zu siegen glauben, sind in Wahrheit die Verlierer; sie verlieren ihr Imperium und ihre Hauptstadt an das Haupt der Christen, den Papst.

Rom trat von nun an zweifach in Erscheinung. Es gab ein Rom, das in Bildern und Bauten stets aufs Neue überwunden und mit Blut geläutert werden musste – auf dass es den durch rastlose innerweltliche Askese bewährten Päpsten zur Herrschaft übertragen werden könne. Um diese Umwidmung zu veranschaulichen, krönten jetzt die Statuen der Apostel Petrus und Paulus die Triumphsäulen des Trajan und Mark Aurels. Das zweite, das wahre Rom aber war die Stadt der um ihres Glaubens willen Verfolgten. Deren karge Begräbnisse in düsteren Katakomben wurden jetzt zu Stätten eines Kultes der frommen Uranfänge. Er war umso dringender erforderlich, als das Rom der frühesten Kirche zu einem Streitobjekt von höchstem Stellenwert geworden war. Lutheraner und Calvinisten nahmen dieses Erbe und die daraus abgeleitete Tradition gleichermaßen für sich in Anspruch, und zwar als unverzichtbaren Ausweis ihres Wahrheitsmonopols. In diesem Geiste ließ der Kirchenhistoriker Cesare Baronio seine Kardinalstitelkirche SS. Nereo ed Achilleo bei den Carcallathermen mit Szenen aus dem Leben von Blutzeugen schmücken, deren Geschichtlichkeit er selbst

Die Martern von Heiligen wurden 1582 von Niccolò Circignani und Matteo da Siena in der Kirche S. Stefano Rotondo veranschaulicht: ein Fresko im Geschmack der Katholischen Reform, lesbar wie ein Heiligenleben. Die Buchstaben im Bild verweisen auf die darunter geschriebenen Erläuterungen, die die Namen der Blutzeugen sowie Ort und Zeit des Martyriums angeben.

bewiesen hatte – im Gegensatz zu anderen, die ins Reich der Legende verwiesen wurden. Auch diese Reinigung des Märtyrerkatalogs von erfundenen Heiligen war nicht nur ein Akt der kritischen Quellenlektüre, sondern auch der Propaganda: Rom hatte das helle Licht der Wissenschaft nicht zu fürchten.

Die Ketzer bzw. diejenigen, welche die 1542 eingerichtete römische Zentralinquisition dafür hielt, hatten umso mehr Grund zur Besorgnis. In Bedrängnis brachten die neue Aufsichtsbehörde vor allem die Zirkel, die mit einzelnen Glaubenssätzen der Reformationen – zum Beispiel mit der Gerechtwerdung durch den Glauben allein – sympathisierten, ohne deshalb den äußeren Bruch mit der katholischen Kirche zu vollziehen. Sie alle mussten sich jetzt erklären. Was uneindeutig war in Wort oder Bild, wurde suspekt. So geriet selbst Michelangelos 1541 enthülltes Jüngstes Gericht zwanzig Jahre danach unter Verdacht. Gerechte und Verdammte, Heilige und Sünder bildeten, so schien es den Bild-Inquisitoren, einen einzigen Menschheitsstrudel aus Angst und Schuldbewusstsein; dogmatisch korrekt hätten die Blutzeugen, die sich mit ihren Marterwerkzeugen um Christus scharen, nicht zitternd und zagend, sondern ihrer Erlösung gewiss und triumphierend auftreten müssen. Das ließ sich leider ohne die völlige Zerstörung des Freskos nicht mehr ändern, wohl aber die Nacktheit der fast vierhundert frisch auferstandenen Körper; ein Schüler des Meisters musste ihnen Lendenschürze und Hosen malen.

Doch nicht nur die der doktrinären Abweichung verdächtigen Christen, auch die Juden wurden jetzt immer argwöhnischer betrachtet und gravierenden Einschränkungen unterworfen. Jahrhunderte lang hatte sich ihre Gemeinde – die älteste auf europäischem Boden – am Tiber weniger eingeengt und benachteiligt als in den meisten anderen Gegenden der Christenheit entfalten und auf diese Weise ein reiches kulturelles und ökonomisches Leben entwickeln können. Vor rituellen Demütigungen wie dem Wettlauf während des Karnevals nicht gefeit, konnten sie sich in der Stadt dennoch relativ frei bewegen und niederlassen.

Damit hatte es unter Paul IV. aus der neapolitanischen Adelsfamilie der Carafa ein Ende. In den Augen der Römer der Fleisch

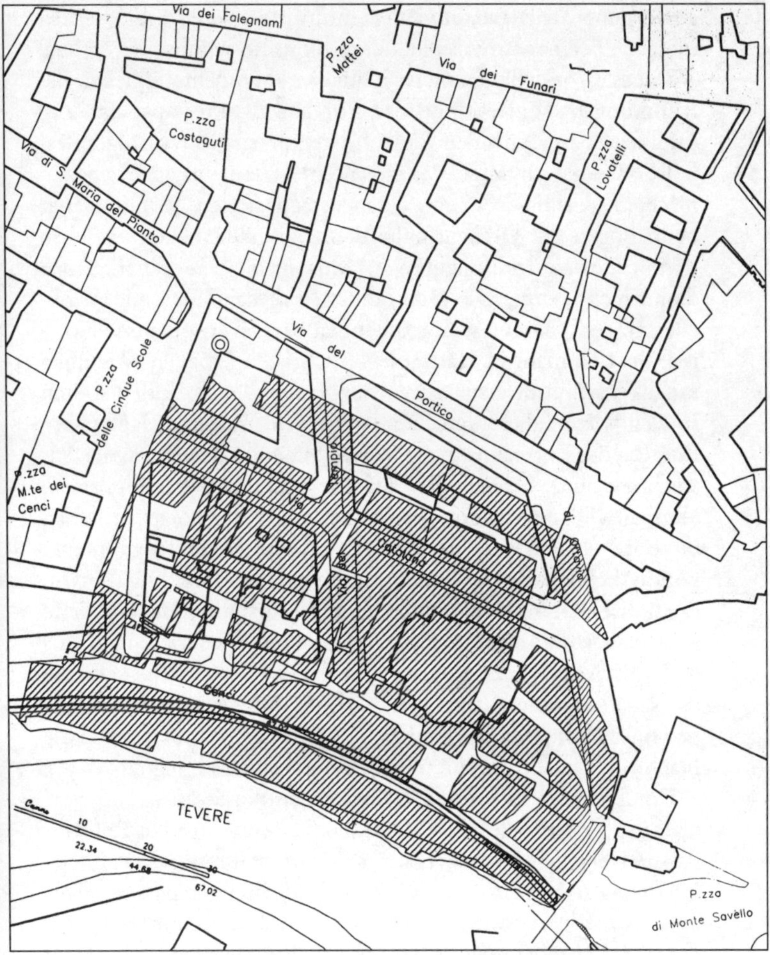

Lage des ehemaligen Ghettos, auf das heutige Stadtbild übertragen

gewordene Scheiterhaufen der Inquisition schlechthin, erließ dieser Papst 1555 die Bulle «Cum nimis absurdum» (wörtlich: «Weil es allzu widersinnig ist») mit extrem judenfeindlichen Bestimmungen. Widersinnig war für den Carafa-Papst das Zusammenleben von Juden und Christen an sich. Er verfügte deshalb, dass alle Anhänger des mosaischen Glaubens nach venezianischem Vorbild in einem eigenen, separierten Wohnquartier beim Bogen der Octavia nahe dem Marcellustheater zu leben hätten, dessen Tore nachts verschlossen bleiben sollten. Doch damit nicht genug. Die Juden mussten diskriminierende Abzeichen tragen, wurden weit reichenden Berufsverboten unterworfen, durften nicht in Häusern von Christen arbeiten (wie auch umgekehrt), ja ihre sozialen Kontakte mit Nicht-Juden sollten so weit wie möglich unterbunden werden. Zugrunde lag diesem Katalog der Entrechtung die Vorstellung von den Juden als Ansteckungsherd, vor dem die Christen geschützt werden müssten, ähnlich wie vor Ketzern. Nicht alle Päpste der Folgezeit haben diese Regeln mit der von Paul IV. gewünschten Strenge umgesetzt. Als Schützer der Juden ragte vor allem Sixtus V. hervor, der jüdische Kaufleute und Ärzte in Dienst stellte. Als sein Neffe Kardinal Montalto, der diese Traditionen fortsetzte, mehr als drei Jahrzehnte nach seinem Onkel 1623 starb, schlossen die jüdischen Händler Roms ihre Läden: zum Zeichen der Trauer um einen Protektor, doch auch als Signal des Protestes gegen die Nachfolger, die «Cum nimis absurdum» strikt befolgten.

Unter Pius V. (1566–1572) hatten antike Statuen und Porträtbüsten einen schweren Stand. Dieser strengste aller Reform-Päpste verschenkte sie reihenweise an befreundete weltliche Fürsten: Zu ihnen, so die Botschaft, mochten sie passen, nicht zu den Stellvertretern Christi auf Erden. Dass unter diesem Papst der Nepotismus gegen Null tendierte, rundete das Bild einer neuen, rigorosen Amtsauffassung und -praxis ab. So gesehen war es aus Sicht der Liebhaber der Antike ein Fortschritt, dass die Objekte ihrer Verehrung unter Sixtus V. immerhin als Sinnbild des überwundenen Rom dienen durften. Städtebaulich hatte dieser Papst, der aus kleinen Verhältnissen aufgestiegen war, Großes wie kaum ein anderer vor. Er plante nicht weniger, als das neue, das christliche Rom mit seinen Straßen und Bauten zu einer symbolischen Heilslandschaft umzuformen: So, wie man auf geraden Straßen zu den römischen Hauptkirchen wandelte, um die zum Heil nötigen Gnaden zu erwerben, so führte der Weg der frommen, dem Papsttum folgenden Christen direkt ins Paradies. In der steinernen Stadt wiesen neu aufgestellte Obelisken mit Inschriften voller Heilswahrheiten diesen Weg. In gerade einmal fünf Jahren zwischen 1585 und 1590 wurde eine große Zahl solcher Architekturensembles vollendet oder zumindest vorangetrieben: die Via Sistina ebenso wie die von der Kreuzung der Quattro Fontane geradlinig über Berg und Tal nach S. Maria Maggiore führende Pilgerroute sowie Palast und Obelisk beim Lateran. Der größte Triumph Sixtus' V. aber war die Aufstellung des Vatikanischen Obelisken vor St. Peter, die noch Michelangelo für technisch undurchführbar gehalten hatte und dem Architekten Domenico Fontana mit einem Großaufgebot von Maschinen zum Erstaunen Europas gleichwohl gelang.

Nur wer in Wappenkunde und Bildsymbolik bewandert ist, erkennt in den Monumenten der «Sixtus-Stadt» auch Personen- und Familienverherrlichung. Schon unter Gregor XIII. (1572–1585) hatte der Nepotismus wieder eingesetzt, allerdings in gewandelten Formen. Den Verwandten wie noch Paul III. eigene Staaten zu gewinnen, galt jetzt als verpönt. Als sich 1597 mit dem Heimfall des Lehens Ferrara die Gelegenheit dazu ergab, übten sich Clemens VIII. und die Seinen in ostentativem Verzicht. Dafür erlaubten die an der Kurie mehrheitsfähigen Normen den Päpsten jetzt, die eigene Familie an der Spitze der römischen Aristokratie zu etablieren: mit wohlklingenden Adelstiteln, prestigeträchtigen Heiraten und lukrativen Ämtern.

In der zweiten Hälfte des 16. Jahrhunderts schieden die Barone und die Kardinäle endgültig aus dem Rennen um die Macht aus. Was die Terrorherrschaft Alexanders VI. nicht vermocht hatte, nämlich die großen Clans von der andauernden Rebellion gegen die päpstliche Herrschaft abzuhalten, gelang jetzt mit unerwartet friedfertigen Mitteln. Ein letztes Mal noch erhoben sich die Colonna gegen Paul III., dann begnügten auch sie sich mit der Rolle privilegierter Untertanen. Wie ihre Dauerrivalen, die

Orsini, mussten sie einsehen, dass die Zeit gegen sie gearbeitet hatte. In einem Jahrhundert stetig steigender Preise und des unablässig erhöhten Drucks zu prestigeträchtigen Aufwendungen ging ihnen zunehmend das Geld aus. Dadurch wurden sie genötigt, immer mehr Grundbesitz und Lehensherrschaften an eben die Papstverwandten zu verkaufen. An Kriege mit eigenen Armeen war unter diesen Umständen nicht mehr zu denken.

Auch die Kardinäle mussten einsehen, dass die Päpste am längeren Hebel saßen, und ihre einst so stolzen Herrschaftsansprüche begraben. Schon Leo X. hatte seinen Nachfolgern hier den Weg gewiesen. Nachdem sich einige Purpurträger gegen sein Leben verschworen hatten, ernannte er 1517 auf einen Schlag 32 neue Purpurträger. Die Aufstockung des Kollegiums fand ihren Abschluss unter Sixtus V., der die Zahl der Kardinäle auf 70 festsetzte; zugleich schuf er ein neues System der Behördenorganisation, das alle höheren Prälaten in insgesamt 15 Kongregationen bzw. diesen zuarbeitende Gremien einband. Am Ende eines turbulenten Jahrhunderts hatte das Papsttum, so schien es, alle Chancen, seine durch die Aufspaltung der Christenheit geschmälerte Macht kraftvoll zu steigern. Um 1600 war Rom infolge einer rasanten Bautätigkeit weitgehend zu dem geworden, was Nikolaus V. erträumt hatte: eine Hauptstadt zum Vorzeigen. Als Ruhmestitel vorweisen konnte sie zahlreiche neue bzw. erneuerte Kirchen im Stile von Vignolas Chiesa del Gesù, die dem 1540 bestätigten Jesuitenorden gehörte. Sie waren als Andachtsräume gestaltet, in denen die Gläubigen durch Predigt und fromme Bilder belehrt und zu einem gottgefälligen Leben erzogen werden konnten.

Aus der Sicht der Kurie betrachtet, war zu Beginn des 17. Jahrhunderts Optimismus angebracht. Alles hing davon ab, wie und wo die Päpste künftig die Akzente setzen würden: in der europäischen Politik und in der Ewigen Stadt.

13. Die barocke Metropole: Pracht und Abstieg

Clemens VIII. regierte unter beiden Blickwinkeln vielversprechend. Das Heilige Jahr 1600 war ein beispielloser Erfolg, was die Zahl der Pilger, aber auch was das von Rom dargebotene Bild betraf. Aus ihm war systematisch alles getilgt worden, was Anstoß erregen konnte. So sahen sich die römischen Kurtisanen herben Einschränkungen ihrer Gewerbefreiheit ausgesetzt. Der größte Erfolg dieser Jahre aber war die Lösung der konfessionellen Probleme in Frankreich. Hatte Sixtus V. den Thronanwärter Heinrich von Navarra als calvinistischen Ketzer noch kurzerhand gebannt und für abgesetzt erklärt, so leitete Clemens dessen Übertritt zum Katholizismus in die Wege – gegen die wütende Opposition Spaniens, das damit seine Machtposition innerhalb der katholischen Christenheit gegenüber dem Papsttum in Gefahr sah. Genau das aber war beabsichtigt. König Philipp II. von Spanien hatte seinen Einfluss als Herr Mailands und Süditaliens in Rom sehr zielgerichtet eingesetzt, auch bei der Wahl neuer Päpste. Das sich anbahnende Gleichgewicht der Kräfte bot so ganz neue Handlungschancen.

Die 1595 vollzogene Wiederaufnahme des rückfälligen Häretikers Heinrich IV. in den Schoß der allein selig machenden Kirche wurde in Rom von einem Reformerkreis lebhaft gefördert, der sich um den florentinischen Priester Filippo Neri gebildet hatte; dazu zählten hohe Prälaten wie der Historiker Cesare Baronio, aber auch Maler und Architekten. Die «Oratorianer», wie diese Gemeinschaft bald genannt wurde, verbanden verinnerlichte Frömmigkeit mit Weltoffenheit und praktischem Gestaltungswillen. Ihr Manifest im römischen Stadtbild war die ab 1575 errichtete Kirche S. Maria in Vallicella, genannt Chiesa Nuova, die «Neue Kirche». Als herber Andachtsraum geplant, der die Neubesinnung und den Neubeginn nach Trient symboli-

sieren sollte, wurde die Kirche der Oratorianer nach und nach in Architekturformen und Ausschmückungen immer prächtiger und prunkvoller – und spiegelte so das Neue, das sich im Rom des 17. Jahrhunderts zutrug.

Wie viel davon der Kirche zuträglich war, darüber wurde in den Jahren um 1600 leidenschaftlich debattiert. Konsequente Reformer wie der Jesuit Roberto Bellarmin konnten ihre Skepsis, ja am Ende ihren Pessimismus kaum verhehlen. Ihre düstere Diagnose: Der Geist des moralischen Rigorismus und damit des Aufbruchs wich einer neuen Prachtentfaltung, die Selbstzufriedenheit, wenn nicht Hedonismus statt Willensanspannung und innerweltlicher Askese an den Tag legte. Im Zuge dieser Entwicklung wurden sogar antike Mythologie und heidnische Nacktheit wieder hoffähig und salonfähig: am Hofe des Papstes und in den Salons der Kardinäle. Die Verteidiger der jetzt unaufhaltsam aufkommenden frommen Raffinesse machten geltend, dass in den repräsentativen Werken des neuen Stils das Heidnische weiterhin vom Christlichen überwunden wurde und das Nackte für das Heidnische und die

Bilder wie Domenichinos «Jagd der Diana» und Statuen wie Berninis «Apoll und Daphne» versinnbildlichen den Zeitgeist und das Lebensgefühl der kirchlichen Elite am Beginn des Dreißigjährigen Krieges: Der päpstliche Hof ist mondän und zugleich dem Jenseits zugewandt, elegant und zugleich moralisch rigoros – ein Balanceakt, bei dem so manche kuriale Karriere abstürzte.

Sünde stand. Zu überzeugen vermochten sie die strengen alten Kritiker nicht. Bauten und Bilder im neuen Zeitgeschmack entwickelten eine sinnliche Anziehungskraft, die bedenklich erscheinen musste. So zeigte Domenichinos «Caccia di Diana» die Jagdgöttin und ihre jungen Gefährtinnen weitgehend unbekleidet und mit einer so verführerischen Anmut, dass die herbe Lehre des Bildes demgegenüber zurücktritt. Diese Lektion lautet zwar, dass, wer sich den fleischlichen Genüssen überlässt wie der heimliche Beobachter, der die fröhliche Gesellschaft unerlaubt ausspioniert, der verdienten Strafe verfällt; doch vor dieser Erkenntnis hatte sich der Bildbetrachter reichlich an nackten Leibern delektiert. Noch schwellender, noch unwiderstehlicher war die liebliche Leiblichkeit in Giovanni Lorenzo Berninis Statue des die Nymphe Daphne raubenden Apoll. Hier war die Moral der Marmor-Geschichte, dass, wer vergängliche Schönheit sucht, am Ende hartes Holz und bittere Früchte erntet, sogar in lateinischen Versen am Sockel angebracht – die Augen schwelgten davon unbenommen. Dass beide Kunstwerke für die Sammlungen von Kardinalnepoten geschaffen wurden, musste das Unbehagen der strenger Denkenden vertiefen.

Am Anfang des 17. Jahrhunderts bildete sich so in Rom ein neuer Stil heraus, den strenge Kunstkritiker im Geist des Klassizismus «barock» nannten – was so viel wie regellos, bizarr und überladen bedeuten sollte. Dieser römische Barock entstand im Zusammenspiel von Auftraggeber-Zielen und Künstler-Bestrebungen. Die römischen Nepoten vor allem brauchten eine Kunst, die ihre kurzfristige Machtstellung wirkungsvoll zu verherrlichen und auch anspruchsvolle Betrachter zu beeindrucken vermochte; die Künstler wie Carlo Maderna, Domenichino, Pietro da Cortona, Giovanni Lorenzo Bernini und Francesco Borromini suchten nach einer neuen Ganzheitlichkeit von Form und Ausdruck, die den Betrachter durch starke szenische Wirkungen gefangen nimmt und durch die Dramatik der Bilderzählung bzw. den Schwung der architektonischen Gestaltung emotional fesselt. In der Baukunst fanden diese Vorstellungen eine mustergültige Verwirklichung in Madernas Fassade der Kirche von S. Susanna (1603). Stellten in der Skulptur Berninis Statuen aus den 1620er Jahren wie die Apoll-und-Daphne-Gruppe frühe Höhepunkte dar, so fand der barocke Dekorationsstil in der Malerei seinen ersten Gipfel mit Pietro da Cortonas monumentalem Deckenfresko im Hauptsaal des Palazzo Barberini, das der Verherrlichung Urbans VIII. und seiner Nepoten gewidmet war.

Der Siegeszug des neuen Stils erwies sich als unaufhaltsam, auch als Herrschaftsstil. Rom war wieder geworden, was die rigorose Reform eines Pius' V. auszulöschen bestrebt gewesen war: ein Hof. Und als führende Höflinge traten erneut die Verwandten der Päpste in Erscheinung, zum Beispiel Kardinal Scipione Borghese, Nepot Pauls V. (1605–1621). Er empfing die Vertreter der europäischen Mächte in seiner Villa vor dem Pincio-Tor, die mit beispielloser Prachtentfaltung lockte: echte und nachgeahmte antike Tempel und Brunnen, Statuen heidnischer Götter, auch sie alt oder neu oder beides, Gehege für Löwen und Leoparden, und in der Mitte all dieser Herrlichkeiten eine unterirdische Grotte, in der es sich während der heißen Sommermonate trefflich tafeln ließ. Kritische Beobachter kommentierten, dass der Luxus des Lukullus zurückgekehrt sei. Die Kardinalnepoten selbst sahen das anders. Scipione Borghese ließ seine Sicht der Dinge von Bernini in Marmor meißeln: Äneas, der seinen greisen Vater aus dem brennenden Troja trägt, steht für ihn selbst, den treuen Diener seines päpstlichen Herrn, den er von der Aufgabe der diplomatischen Empfänge und den weltlichen Repräsentationspflichten selbstlos entlastet.

Wie viel Nepotismus erlaubt war, mussten in regelmäßigen Abständen einberufene Kommissionen stets aufs Neue bestimmen. In der Regel erteilten sie zwar den regierenden Päpsten ihr Plazet und damit die Absolution, doch gab es in diesen Gremien immer auch *zelanti,* «Eiferer», die jegliche Verwandtenförderung für unvereinbar mit den Regeln der Kirche hielten. So waren die Kardinalnepoten nicht nur austauschbar, da ohne wirkliche Herrschaftsfunktion, sondern auch in der Öffentlichkeit umstritten, theologisch zumindest anfechtbar, nach längerer Regierungszeit ihres Onkels unbeliebt und nach dessen Tod angefeindet. Umso glanzvoller mussten sie diese problematische Realität übermalen lassen, ja, keine andere Elite Europas war so sehr darauf angewiesen, sich eine neue, virtuelle Identität zu verschaffen. In ihren Bildern und Bauten präsentieren sich die Nepoten als von der Vorsehung zum Heil der Kirche und der Ewigen Stadt auserkoren, rastlos bewährt, von den Untertanen geliebt, ja wie Herkules durch heroische Taten ewigen Ruhmes gewiss.

Das römische Gesellschaftsleben, der Kunstmarkt, der Geschmack der Elite, ja selbst das Stadtbild – das alles wurde jetzt in hohem Maße von den Papstverwandten bestimmt. Ob Aldobrandini (1592–1605), Borghese (1605–1621), Ludovisi (1621–1623), Barberini (1623–1644), Pamphili (1644–1655), Chigi (1655–1667), Rospigliosi (1667–1669) oder Altieri (1670–1676): Alle diese Nepotenfamilien waren durch das unerbittliche Gesetz des «Konkurriere und übertrumpfe» angehalten, ihre kurzfristige und unwiederholbare Machtstellung in Bauten und Bildern umso dauerhafter zu verherrlichen und auf diese Weise ihren frisch gewonnenen Adelsstatus zu festigen.

Dabei bildeten sich deutlich umrissene Programme heraus. Ihre Hauptpunkte lauteten: Stadtpalast, Villen in der römischen Umgebung und in den Albaner Bergen, Grablege, Galerie und Kunstsammlung. Zeugnisse dieser in Stein und Farben ausgetragenen Rivalität stechen im römischen Stadtbild bis heute hervor: die Residenzen der Barberini und der Altieri an der Via delle Quattro Fontane bzw. Piazza del Gesù, die Villa der Pamphili hinter der Porta San Pancrazio und die Villa der Aldobrandini in Frascati, die Grabkapelle der Borghese in Santa Maria Maggiore und ihre Kollektion antiker Statuen und moderner Gemälde auf dem Pincio.

Bei aller Prägekraft der Nepotenprojekte waren die Päpste naturgemäß die obersten Bauherren. Mit vereinten Kräften brachten sie sogar die Dauerbaustelle der Peterskirche zum Abschluss. Hier hatte der unermüdliche Sixtus V. im Mai 1590 die gewaltige, von Michelangelo entworfene und von Giacomo della Porta in die Höhe gestreckte Kuppel wölben lassen. Paul V. fügte durch den Architekten Carlo Maderna ein Langhaus an, welches die optische Wirkung der Kuppel schmälerte, aber aus theologischen Gründen jetzt zwingend geboten war. Zum einen wurde so aus dem Grundriss doch noch ein lateinisches Kreuz. Zum anderen war dadurch der von der alten Peterskirche bedeckte Boden in die neue Kirche eingegliedert. Drittens bekamen die Päpste auf diese Weise eine Segensloggia. Und der Bauherr, Paul V., feierte einen dauerhaften Familientriumph: die Weihinschrift der Fassade aus dem Jahr 1612 rückt seinen Familiennamen ins Zentrum, den des heiligen Petrus an den Rand. Urban VIII. schließlich trieb die Innenausstattung so weit voran, dass die Kirche im Jahre 1626 geweiht werden konnte – 120 Jahre nach der Grundsteinlegung. Im riesigen Bronzebaldachin Berninis über dem Petersgrab hat der Papst nicht nur sich selbst, sondern auch seine Familie, die Barberini, dauerhaft verherrlicht. Ihre Wappensymbole, die drei Bienen, bevölkern die schwungvoll ausladenden Säulen wie das Dach; dazu kommen weitere Barberini-Symbole wie Lorbeer und Sonne. An dieser zentralen Stelle des Papsttums war so viel Familien-Kult gewagt; er spiegelt wider, in welchem Maße sich die Verwandten des

Papstes insgesamt zur Führung der Kirche berufen glaubten und wie unauflöslich sich die innere und die äußere Politik des Papsttums mit den Interessen der Nepoten verquickte.

Anderthalb Jahrzehnte später bot diese Verschmelzung einen Zündstoff, der die Grundfesten der sozialen und politischen Ordnung zu erschüttern drohte. Innozenz X. und die Pamphili hatten die Piazza Navona zum Ort ihrer Familienverherrlichung auserkoren. Neben dem imposanten Stadtpalast wurde die alte Kirche S. Agnese zur prunkvollen Grablege des Geschlechts ausgebaut. Unüberbietbar gesteigert wurde die Pamphili-Verklärung durch Berninis Brunnen der vier Ströme, der die Weltgeltung, ja Weltherrschaft Innozenz' X. und seiner Familie symbolisierte. Diese Bauten aber wurden 1648 und 1649 errichtet, während in Rom wie in ganz Italien die verheerendste Hungersnot seit Menschengedenken wütete; Geld war zwar vorhanden, wurde aber nicht zur Speisung der Hungernden, sondern zum höheren Ruhme der Nepoten ausgegeben. Unter solchen Voraussetzungen verkehrte sich die Funktion des Prunkensembles ins Gegenteil: Es erbrachte nicht Prestige, sondern provozierte Zorn und Wut.

Um dieselbe Zeit mehrten sich die Symptome einer umfassenden Krise des Systems Rom. In einem Menschenalter des intensiven Nepotismus und der nicht minder fieberhaften Bautätigkeit hatten sich gigantische Schulden angehäuft, die das reguläre Budget des Kirchenstaats und seiner Hauptstadt aufzehrten. Zudem hatten feindlich gesonnene Publizisten wie Gregorio Leti die Verwandtenförderung der Päpste durch ebenso faktengestützte wie in der Tendenz reißerische Pamphlete vor das Forum der europäischen Öffentlichkeit getragen – mit fatalen Folgen für das Ansehen Roms, auch in den katholischen Ländern. Noch schwerer wog, dass Urban VIII. (1623–1644) sich als Hauptakteur in der großen Politik des Dreißigjährigen Krieges versucht und an allen Fronten verloren hatte. In den Grundfesten erschüttert wurde sein Ansehen, als der französische Meisterdiplomat Kardinal Richelieu Ende 1630 einen Beistandspakt mit König Gustav Adolf von Schweden, dem Vorkämpfer der Protestanten, schloss. Da Urban während des Krieges einen ausgesprochen frankreichfreundlichen Kurs gesteuert hatte, stand er jetzt zumindest indirekt an der Seite eines Ketzers. Vehemente Anklagen Spaniens, das dem Papst mit Prozess und Absetzung drohte, waren die Folge. In den Sog dieser Krise geriet sogar der greise Physiker Galilei, den die Inquisition 1633 dazu zwang, seine Aussage, dass die Erde sich um die Sonne drehe, feierlich zu widerrufen. Das war ein Machtspruch, der auch von der gekränkten Ehre Urbans VIII. diktiert wurde – und das Ansehen des Papsttums langfristig aufs Schwerste beschädigen sollte. Unübersehbar wurde der Niedergang Roms, als die kriegführenden Mächte 1648 in Münster und Osnabrück nach dreißig Jahren endlich Frieden schlossen: Europa schloss einen Jahrhundertpakt, und das Papsttum stand abseits, ja es verweigerte sogar seine Zustimmung.

Erneuerung war dringend erforderlich. Alexander VII. (1655–1667) ließ zwar durch Bernini den Petersplatz mit den gewaltigen, die Gläubigen wie Arme umfassenden Kolonnaden als Abbild einer sich auf ihre geistlichen Aufgaben zurückbesinnenden Kirche anlegen. Doch bei näherer Betrachtung war der neue Platz nicht ohne Doppeldeutigkeiten. An zentralen Stellen prangte das riesenhafte Wappen des Chigi-Papstes, das den Ruhm der Auftraggeberschaft auf den Pontifex maximus und seine Familie aufteilte. Und diese Nepoten gewannen nicht nur Prestige, sondern auch materielle Güter in Hülle und Fülle. Nach vielversprechenden Ansätzen unter Clemens IX. (1667–1669) wurde mit Clemens X. (1670–1676) ein achtzigjähriger Papst gewählt, dessen Verwandte den Pontifikat konsequent für ihre Zwecke ausnutzten. So setzte der regierende Kardinalnepot seinen Einfluss dazu ein, Ludovica Albertoni, eine vor fast anderthalb Jahrhunderten verstorbene Vorfahrin, selig sprechen zu lassen – auch das war eine Quelle des familiären Prestiges. Der greise Bernini schuf für die Kapelle in S. Francesco a Ripa die Liegestatue der so Geehrten. Deren Würdigkeit war zwar über jeden Zweifel erhaben, die Art und Weise ihrer Erhebung hingegen nicht.

Im Gegensatz zum päpstlichen Budget brachen für die kleinen Leute nach der Mitte des 17. Jahrhunderts bessere Tage an.

Rom zur Zeit Alexanders VII. (1655–1667) mit realisierten und unausgeführten Planungen

1. Pizza del Popolo
2. S. Carlo al Corso
3. Via del Corso
4. Piazza Colonna
5. S. Maria in Via Lata
6. Piazza del Collegio Romano
7. Piazza Venezia und Via del Gesù (Olebiscito)
8. Palazzo Chigi (Odescalchi) auf dem Platz SS. Apostoli
9. Piazza del Gesù
10. S. Andrea della Valle
11. Straße zu S. Andrea della Valle (Projekt)
12. Piazza di Monte Giordano
13. Ponte S. Angelo
14. Straße zum Petersplatz (Projekt)
15. Piazza S. Pietro
16. Scala Regia
17. Cathedra Petri
18. Zugang zu Trinità dei Monti (Projekt)
19. Via del Babuino/Dure Macelli fortgeführt zu den Gärten des Quirinals (Projekt)
20. Treppen und Tor zu den Quirinalsgärten (Projekt)
21. Der neue Flügel des Quirinalspalast («manica lunga»)
22. S. Andrea al Quirinale
23. Zugang von der Piazza Magnanapoli zum Quirinalspalast
24. S. Rita di Cascia, am Fuße des Kapitols
25. Piazza Campitelli mit Kirche
26. S. Carlo di Catinari mit Barnabitenkloster
27. Forum Romanum
28. Pantheon
29. Piazza di Pietra
30. Piazza della Minerva
31. Piazza S. Agostino und das geplante Einkaufszentrum
32. Piazza della Pace mit Kirche
33. Piazza S. Maria in Trastevere
34. Ripa Grande
35. S. Ivo della Sapienza und die hintere Fassade des Palazzo della sapienza
36. Via S. Dorotea

Ab den 1660er Jahren garantierten die Päpste der römischen Unterschicht den wirkungsvollsten sozialen Schutz, den Alteuropa gekannt hat. Der Brotpreis – Maß des Überlebens für europäische Unterschichten, die selbst in guten Jahren mehr als die Hälfte ihres Budgets für dieses Grundnahrungsmittel aufwendeten – bewahrte von jetzt an in Rom eine geradezu eherne Stabilität. Mochten die Ernten noch so schlecht ausfallen und die Getreidepreise in den Himmel schießen, am Tiber überschritten die Kosten für das Grundnahrungsmittel Nummer eins nicht einen einzigen Tag lang das vom Volk gesetzte Limit. Dazu hatte die Papstfinanz das Ihre beizusteuern. Vor allem aber mussten die adeligen und kirchlichen Großgrundbesitzer die von der Annona, der Getreideversorgungsbehörde, verlangten Anbauquoten erfüllen – auch wenn Viehweidewirtschaft höhere Erträge abwarf. Dieser Verzicht fiel ihnen umso schwerer, als die Grundrente, die Einkünfte aus Eigenbewirtschaftung und Verpachtung von Boden, ab 1660 für lange Zeit stark zurückging.

14. Freiheit und Spiele – das 18. Jahrhundert

Am 21. September 1676 begann für Rom ein neuer Zeitabschnitt. An diesem Tag nämlich wurde mit Kardinal Benedetto Odescalchi aus Como der strengste aller Reformer zum Papst gewählt. Bei aller sprichwörtlichen Abneigung gegen harte Schnitte hatten die Kardinäle kaum eine Wahl; wenn einer die finanzielle Krise beheben und das Prestige des Amtes wiederherstellen konnte, dann dieser. 65 Jahre alt und alles andere als von robuster Gesundheit, ging der neue Pontifex maximus, der sich Innozenz XI. nannte, unverzüglich ans Werk. Persönlich von strengster Askese, reduzierte er die Aufwendungen für den päpstlichen Palast auf einen Bruchteil der bisherigen Ausgaben. Und bei aller Weltabgewandtheit diktierte er doch den europäischen Finanzmärkten seinen Willen. Die Zinssätze der römischen Anleihen, aufgrund hoher Erträge auch für den europäischen Kleinsparer attraktiv, wurden jetzt um die Hälfte reduziert. Nach 13 Jahren waren mehr als fünf Millionen Dukaten Schulden (von insgesamt 40 Millionen) getilgt.

Einen geradezu revolutionären Umbruch bedeutete der Odescalchi-Pontifikat dadurch, dass er ohne jede Form von Nepotismus auskam. Ein halbes Jahrhundert lang hatte eine theologische Expertenkommission nach der anderen darüber beraten, wieviel Verwandtenförderung sich mit dem Amt des *padre comune,* des Vaters aller katholischen Christen, vereinbaren lasse. Daraus waren immer neue, immer großzügigere Kompromissnormen entsprungen, doch klafften die Meinungen immer auch auseinander. Für die *zelanti* war jede Form von Nepotismus mit dem Papstamt unvereinbar; ihre Stunde hatte jetzt geschlagen. Paradoxerweise gereichte diese Abstinenz der Familie Odescalchi nicht einmal zum Nachteil. Das Prestige des heiligmäßigen Papstes war so groß, dass die Seinen in Form von profitablen Heiraten trotzdem auf ihre Kosten kamen.

Für die Maler, Bildhauer, Architekten und Bauunternehmer aber war der strengste Pontifikat der Neuzeit eine einzige Zumutung. Geld für neue Prunkbauten, einerlei ob kirchliche oder weltliche, war nicht mehr da. Was verfügbar blieb, investierte Innozenz XI. in Spitäler und Armenhäuser. Parallel dazu schränkte er die den Römern aller Schichten so ans Herz gewachsenen Vergnügungen des Karnevals und der Theateraufführungen drastisch ein. Unter Innozenz XII. (1691–1700) fand dieses Programm eine kongeniale Fortsetzung. Dieser Papst erließ eine Bulle, die den zum integralen Bestandteil des Kirchenstaates gewordenen Nepotismus stark reduzieren sollte. Maximal 12 000 Dukaten Jahresgehalt wurden jetzt für Kardinalnepoten festgelegt, die zudem erst nach längerer Bewährungszeit ernannt werden durften und ihren offiziellen Status als Oberaufseher des Kirchenstaats einbüßten. Nicht alle Päpste der Folgezeit haben diese Bestimmungen eingehalten.

Das neue, karitativ geprägte Bild des Papsttums erhielt unter Innozenz XII. seinen stärksten baulichen Akzent. Am römischen Haupthafen von Ripa Grande wuchs der riesenhafte Hospiz-

Nach 1660 bot Rom seinen Armen das umfassendste soziale Sicherheitsnetz im Europa der Frühen Neuzeit: Erschwingliches Brot gab es reichlich, auch in Zeiten der Knappheit und Teuerung. Und für die ganz Bedürftigen standen überdies Spitäler wie das hier gezeigte Hospiz von S. Michele a Ripa bereit, das zugleich als «Erziehungsanstalt» für soziale Störenfriede gedacht war.

komplex von S. Michele empor. In ihm wurden nicht nur Kranke versorgt, sondern nach dem Vorbild reformierter Einrichtungen in Genf und Halle auch Schulen für Waisen und Kinder aus mittellosen Familien geschaffen; nicht zuletzt sollte das mit 335 Meter Fassadenlänge größte nachantike Bauwerk Roms als soziale Quarantäne- und Besserungsanstalt für alle diejenigen dienen, die man aufgrund der Anrüchigkeit ihrer Gewerbe umerziehen wollte: Prostituierte, Bettler, Glücksspieler, Kleinkriminelle. Doch dazu reichten die finanziellen Mittel, welche die Papstfinanz zur Verfügung stellen konnte, bei weitem nicht aus. Etwa drei Viertel der römischen Bevölkerung zählten zur Unterschicht, das heißt sie waren nicht direkt besteuerbar und besaßen keine Reserven für Krisenzeiten. Ihr unterstes und bedürftigstes Segment lässt sich nur grob abschätzen, doch dürfte seine Zahl die 850 Plätze, die in S. Michele bereitstanden, um mindestens das Zehnfache überstiegen haben. Trotzdem waren die

Kapazitäten von S. Michele kaum je ausgeschöpft. Es hatte sich zwar rasch herumgesprochen, dass die Verpflegung und die hygienischen Standards des Hospizes, verglichen mit den Lebensbedingungen auf der Straße, ausgezeichnet waren, doch schreckte die strenge Disziplin von einem längeren Aufenthalt ab.

Wie schon in den Jahrzehnten nach Trient hielt auch diesmal der Geist der rigorosen Reform nicht allzu lange vor. Das zeigt sich schon an der Zahl der Hinrichtungen. Zwischen 1700 und 1798 wurden in Rom 251 Todesurteile vollstreckt; bei einer im selben Zeitraum von 135 000 auf knapp 170 000 steigenden Bevölkerungszahl war das im Vergleich mit dem übrigen Europa und der eigenen Vergangenheit ein sehr niedriger Wert – allein während des fünfjährigen Pontifikats Sixtus' V. lag die Zahl höher. Diese Entwicklung ließ sich sehr unterschiedlich bewerten. Die Päpste selbst präsentierten sich ihren Untertanen als gütige, fürsorgliche Hausväter, die nur im Falle verstocktester Böswilligkeit zu den härtesten Maßnahmen griffen. Für die aufgeklärten Rom-Reisenden nahm sich derselbe Tatbestand schon anders aus: Es fehlte am herrscherlichen Willen, arbeitsscheues Gesindel zu nützlichen Gliedern der Gesellschaft zu erziehen. Wie sollte es auch anders sein bei einer Religion, die Müßiggang zur Tugend erhob, Faulheit belohnte und das einfache Volk mit abergläubischen Wahnvorstellungen abspeiste? Für die adelige und kirchliche Elite Roms war diese Duldsamkeit hingegen politisch und sozial sinnvoll. Wenn man den kleinen Leuten ihre altverbrieften Freiräume beließ, neigten sie viel weniger zur Aufsässigkeit; mehr noch: Wenn sie nach eigenen Regeln leben durften, stellten sie die enormen Ungleichheiten der Vermögen und der Vorrechte nicht in Frage. Unterhielt man sie darüber hinaus mit farbenprächtigen Prozessionen und Festen, wurden sie vollends handzahm.

Die Betroffenen selbst legten ihre eigenen Kriterien zugrunde. Für sie war ein guter Herrscher, wer ihnen zu billigem Brot und so zu einem von Überlebensangst freien Dasein verhalf. In diesem Punkt wurden keine Entschuldigungen angenommen. Die Regel galt bei widriger Konjunktur genauso wie bei Ernteüberfluss. Subsistenzsicherung gegen Gehorsam: Dieser Pakt war so heilig wie die Armut, die er schützte. Ein Papst, der ihn brach oder auch nur unvollständig erfüllte, konnte nicht der legitime Stellvertreter Christi sein. Zu dieser Sakralität gehörte des Weiteren, dass sich die Obrigkeit nicht in Bereiche einmischte, wo sie nichts zu suchen hatte: in die Familienehre und die Vendetta, aber auch in die täglichen Praktiken der Frömmigkeit. Dazu kam die urrömische Pflicht der Mächtigen, neben dem Brot Spiele zu bieten. Auch sie wurde mustergültig erfüllt. Ob Feuerwerke von der Engelsburg oder Seeschlachten auf der unter Wasser gesetzten Piazza Navona: Unterhaltung und Zerstreuung gab es reichlich. Und auch der römische Karneval lebte nach der kurzen Phase der Eindämmung unter Innozenz XI. mit ungebrochener Vitalität fort. Natürlich fanden in den Palästen der Reichen und Mächtigen auch exklusivere Veranstaltungen statt. Doch insgesamt blieben die römischen Feste Spektakel für Groß und Klein. Nicht nur der Papst, sondern auch die Aristokratie gab sich bei solchen Anlässen volksnah. Dadurch wurde soziale Nähe und eine große Gemeinsamkeit zelebriert: Wir alle sind römische Bürger!

Gemessen an den Disziplinierungs-Bemühungen Innozenz' XI. regierten die Päpste des 18. Jahrhunderts ebenso schwach wie illusionslos. Der Versuch, die Römerinnen und Römer umzuerziehen, wurde angesichts erwiesener Aussichtslosigkeit eingestellt. Diese Einsicht hatte sich schon lange vorher Bahn gebrochen. Selbst der Inquisition war es nie darum gegangen, den Massen gewaltsam ihre religiösen Vorstellungswelten auszutreiben, von deren Unvereinbarkeit mit der offiziell festgelegten Rechtgläubigkeit man sehr wohl wusste. Missionierungskampagnen im südlichen Latium, keine hundert Kilometer von der Hauptstadt der katholischen Christenheit entfernt, brachten zu Tage, dass die dortigen Völkerschaften nach ihren eigenen magischen Riten lebten, die höchstens mit einer dünnen christlichen Tünche überdeckt waren. Aber erst jetzt wurde auch die politische Konsequenz daraus gezogen: Frieden durch definitive Nicht-Einmischung von oben.

Jede der zeitgenössischen Sichtweisen fand vor Ort, was sie zur Bestätigung brauchte. Im Geiste der Aufklärung betrachtet, nahm sich Rom wie eine versunkene Welt aus. Priester, die für so profane Verrichtungen wie Müllabfuhr zuständig waren, Reliquienkult und Ablasswesen wie im finstersten Mittelalter, dessen Fortleben die Stadt der Päpste auch sonst allenthalben bezeugte. Schlimmer noch: Versuche, Fortschritt durch Erziehung herbeizuführen, waren verpönt. Wie sollte es auch anders sein unter einem Herrscher, der den von Menschen gemachten Fortschritt systematisch leugnete. Und doch – oder gerade deshalb – waren die aufgeklärten Romreisenden von ihrer Begehung des Freilichtmuseums Rom fasziniert wie kaum je zuvor. In ihren von intellektuellem Überlegenheitsgefühl geprägten Spott mischte sich unversehens eine nicht eingestandene Sehnsucht nach der verlorenen arkadischen Freiheit. Dafür konnte man sie als Souvenir mit nach Hause nehmen. Bilder, die (zum Beispiel in der Galerie des Palazzo Spada) das Volk in seinem ureigenen Lebensraum zeigen, an flackernden Lagerfeuern in rankenüberwachsenen Thermenruinen oder unter verfallenen Wasserleitungen in der menschenleeren Campagna, hatten Konjunktur.

Der krasse Gegensatz zwischen altrömischer Größe und einer genrehaft verkleinerten, ja auf pittoreske Weise zerrbildhaften Gegenwart wurde nach der Mitte des 18. Jahrhunderts zunehmend als Aufforderung verstanden, über die Ursachen dieses Verfallsprozesses nachzudenken. Typisch dafür ist das Erlebnis, das der englische Historiker Edward Gibbon als Ausgangspunkt seiner monumentalen Geschichte vom Niedergang und Sturz des römischen Reiches schildert. Auf dem Forum Romanum, das jetzt *Campo vaccino*, Kuhweide, hieß, sei er in tiefes Grübeln über die Vergänglichkeit aller menschlichen Größe verfallen. So vergeht der Ruhm der Welt – dieses christliche Motiv wurde von Gibbon und seinen aufgeklärten Generationsgenossen gegen das Christentum gewendet. Dieses habe der weltflüchtigen Mentalität der Spätantike vollendet entsprochen, die Abwendung von Staat und Militär weiter gefördert und so zum Sturz der römischen Zivilisation wesentlich beigetragen. Zweck aller Reflexion über die Ursachen dieser Dekadenz aber sei nicht das Versinken in Melancholie, sondern praktische Nutzanwendung; es gelte, derartige Verfallsprozesse jetzt und in aller Zukunft zu verhindern. Dafür, so Gibbon, stünden die Chancen gut. Denn die Vernunft, im Rom eines Trajan und Antoninus Pius nur wenigen zugänglich, habe sich im Zeitalter der Aufklärung unverlierbar verbreitet. Um dieselbe Zeit veränderte die Rückwendung zur Antike den Geschmack der Gebildeten fundamental. Als Reaktion gegen die Verspieltheit des Rokoko postulieren Kunsttheoretiker wie Winckelmann die Vorbildlichkeit des Altertums. Repräsentiert wurde sie von griechischen Bildwerken, doch entdeckt wurde sie in Rom: in den Museen des Vatikans und in aristokratischen Sammlungen, wie sie in der Villa der Albani, der Nepoten Clemens' XI., zu sehen waren.

Damit setzte einer der eigentümlichsten Selbstfindungsprozesse der europäischen Kulturgeschichte ein. Ein in seinen moralischen Werten antiaristokratisch ausgerichtetes Bürgertum glaubte seine Tugenden in denen des republikanischen Rom wiederzufinden. Die Brutusse, Gracchen und Lucretias erlebten so eine Wiederauferstehung: zuerst im Bild wie in den viel umjubelten Werken von Raffael Mengs oder Jacques-Louis David, dann auch politisch. Die Französische Revolution vollzog sich geradezu unter dem Patronat der neuen Ersatz-Heiligen; die römischen Tugendhelden bevölkerten nicht nur die Rhetorik von Nationalversammlung und Konvent, sondern auch die republikanischen Feste, ja selbst die Spielkarten.

Der Siegeszug und die unaufhaltsame Radikalisierung der Revolution wurden vom päpstlichen Rom mit tiefer Sorge und Ablehnung betrachtet. Pius VI. (1775–1799) formulierte eine schneidend scharfe Absage an die Idee der Menschenrechte als Ausdruck eines verblendeten Optimismus – der Mensch, speziell der Mächtige, neigt zur Sünde und bedarf weiterhin der moralischen Aufsicht und Korrektur durch die Kirche und ihr Haupt, den Stellvertreter Christi. Die römische Staatsformel lautete: Fürstenrecht statt Volksrecht, doch auch weitreichende Fürstenpflichten. Diese vor Augen zu führen war das Ziel der päpstlichen Herrschaft. Mochte das aufgeklärte Europa den Kirchenstaat als morsch, rückständig und verkommen ansehen, Pius VI. war davon überzeugt, ein Modell-Herrscher zu sein, vor allem durch die auf Gedeih und Verderb aufrechterhaltene

Unterstützung der Armen in Form stabiler Brotpreise. Diese machten zwar jetzt, da die grundbesitzende Elite in den Getreideanbau-Streik getreten war, immer höhere Subventionen erforderlich, die wiederum eine horrende Verschuldung zur Folge hatten. Die von Gott diktierte Pflicht, die Armen zu schützen, blieb jedoch bestehen. Geboten war es stattdessen, dem ungehemmten Erwerbstrieb des Menschen einen Riegel vorzuschieben. Wirtschaft diente nicht der Bereicherung der Wenigen, sondern dem gesicherten Überleben der vielen. Freihandel war eine dünne Bemäntelung der egoistischsten und destruktivsten Kräfte im Menschen. Stattdessen hatte der väterlich regierende Fürst jedem das Seine zukommen zu lassen. Die kleinen Leute am Tiber, die von der Umsetzung dieser Grundsätze profitierten, enthielten sich daher jeder revolutionären Agitation.

Von außen rückte diese jedoch immer näher. Bedrohlich wurde die Lage ab dem Frühjahr 1796, als das französische Direktorium, um eine innenpolitische Stabilisierung zugunsten des besitzenden Bürgertums bemüht, den revolutionären Krieg nach Italien hineintrug. Der charismatische junge General Napoleon Bonaparte warf die österreichischen Armeen, die sich ihm entgegenstellten, reihenweise nieder, stürzte die uralte Adelsrepublik Venedig und rückte der Ewigen Stadt bedrohlich nahe. Ließen es der siegreiche Feldherr und seine politischen Auftraggeber in Paris 1797 noch bei einer Amputation des Kirchenstaats bewenden, so war der Sturz der päpstlichen Herrschaft schon wenige Monate später beschlossen. Anfang 1798 besetzten französische Truppen die Ewige Stadt. Am 15. Februar wurde in einer feierlichen Zeremonie auf dem Forum und dem Kapitol die Republik ausgerufen – achtzehn Jahrhunderte nach ihrem Ende unter Augustus. Der greise Pius VI. wurde deportiert und starb im Jahr darauf im Exil von Valence. Das Ende einer Ära wurde durch die Einführung einer neuen, revolutionären Zeitrechnung markiert, welche die alte Datierung nach Christi Geburt ablösen sollte. Selbst Monate und Wochentage wurden umbenannt.

15. Napoleon und der Reigen der Regime

Die zweite römische Republik hatte einen schweren Stand. Militärisch und politisch war sie davon abhängig, dass Frankreich seine Hegemonie in Italien behauptete; französische Rückschläge mussten ihre Existenz gefährden. Zudem war ihre römische Trägerschicht schmal. Überzeugte Republikaner fanden sich unter jungen, akademisch gebildeten Männern, die von der Wiederbelebung altrömischer Tugendstrenge träumten, aber in der Regel kaum Einfluss besaßen. Zu ihnen gesellte sich der eine oder andere Adelige und Geschäftsmann in der Hoffnung auf Prestige und Profit. Eine Mobilisierung der Massen aber blieb aus. Sie war auch nicht vorgesehen. Politische Rechte gab die neue, nach dem Vorbild des Direktoriums angelegte Verfassung ohnehin nur den Besitzenden.

Zu breiterer Agitation kam es dennoch, allerdings mit unerwünschter Stoßrichtung: gegen die Republik. Zur Unzufriedenheit der Unterschicht trug mancherlei bei: Steuern, Gängelung im Alltag, Militärdienst, staatliche Eingriffe aller Art, Verteuerung des Brots, religiöse Toleranz, speziell für die Juden, die jetzt auf bürgerliche Gleichstellung hoffen und das Ghetto verlassen durften. Alle diese Neuerungen wurden als Zerstörung einer gottgewollten Weltordnung aufgefasst; dieser Frevel musste schwerste Strafen des Himmels nach sich ziehen, Widerstand war daher Pflicht. Zorn und Angst entluden sich im volkstümlichsten der römischen Stadtteile, in Trastevere. Die französischen Truppen schlugen den Aufstand blutig nieder. Zu einer machtvollen Gegenrevolution wie in Süditalien, wo der altadelige Kardinal Ruffo die Massen in einem regelrechten Heeresverband sammelte und mit diesem die revolutionäre Regierung stürzte, kam es in Rom jedoch nicht. Der Widerstand der kleinen Leute am Tiber war von passiverer Art.

Dabei taten die Republikaner alles, was in ihrer Macht stand, um sie für die neue Ordnung zu gewinnen. In Ermangelung eines eigenen Heeres und reichlicher Geldmittel waren das vor allem symbolische Akte: Die Stadt, die anderthalb Jahrtausende den Päpsten gehört hatte, musste von den Zeichen dieser Herrschaft gereinigt und ihrer wahren Bestimmung gemäß umgewidmet werden. Rom sollte in zeitgemäßer, von der Französischen Revolution vorgezeichneter Gestalt wieder werden, was es am Anfang gewesen war: die Stadt der Freiheit und der Gerechtigkeit, der Tugend und der Volksrechte. Die Republik von 1798 präsentierte sich also, wie alle von Rom ausgehenden Reformen und Revolutionen, als Wiederherstellung einer besseren Vergangenheit.

In diesem Geiste begann ein Sturm auf die Wappenschilde; mit besonderer Inbrunst wurden die heraldischen Symbole der schlimmsten Tyrannen, wie das Alexanders VI. (z. B. an der dem Tiber zugewandten Seite der Engelsburg), herausgeschlagen. Eine weitere Maßnahme zur Tilgung einer veruntreuten Geschichte bestand darin, die republikanischen Institutionen an den Stätten der päpstlichen Herrschaft zu etablieren. So ließen sich die Inhaber der obersten ausführenden Gewalt, die Konsulen, im Quirinalspalast, der städtischen Sommerresidenz der Päpste, nieder; von der ursprünglich vorgesehenen Einquartierung im Vatikan nahm man Abstand, um die Gemüter des einfachen Volkes nicht unnötig zu erregen. Auch neue Namen sollten neuen Geist einflößen. Die Piazza di Spagna wurde so zum Freiheitsplatz, die Piazza Venezia der Gleichheit zugeeignet. Bürger- und Gemeinschaftssinn sollten auch die patriotischen Feste erzeugen, die mit Freiheitsbäumen, Kokarden und anderen republikanischen Symbolen ausgeschmückt wurden. Doch auch hier war die Konkurrenz übermächtig: Der Kult der Heiligen ließ sich durch die Verehrung gefallener französischer Generäle nicht austreiben. Als Helfer in der Not konnten die kleinen Leute die Heroen der Revolution schließlich nicht anrufen. Und Beistand von oben war in diesen bedrängten Zeitläuften dringender denn je erforderlich. Als Folge der ausbleibenden Subventionierung und der unablässigen Kriege schoss der Brotpreis unaufhaltsam nach oben. Kein Wunder, dass im Volk Sehnsucht nach der jüngsten Vergangenheit aufkam.

Gestillt wurde sie nicht wirklich. Die Republik am Tiber endete zwar infolge französischer Niederlagen schon im Herbst 1799, doch eine stabile Restauration der alten Verhältnisse blieb aus. 1801 gab der Erste Konsul Napoleon, um Aussöhnung mit den gemäßigten Eliten seines Landes bemüht, dem 1800 in Venedig gewählten neuen Papst Pius VII. zwar Rom und einen Rumpfkirchenstaat zurück, doch war dessen Souveränität unter der französischen Militärhegemonie nur sehr eingeschränkt wiederhergestellt. Acht Jahre später hatte auch diese Semi-Autonomie ein Ende. Nach schweren Zerwürfnissen ließ der 1804 zum Kaiser der Franzosen gekrönte Napoleon den Papst nach Savona deportieren und Rom in sein unmittelbares Herrschaftsgebiet eingliedern: als zweite Stadt des Empire, nach Paris. Diese Unterordnung wurde durch eine der gigantischsten Kunstraub-Aktionen der Geschichte symbolträchtig zum Ausdruck gebracht. Vor allem kostbare Antiken wanderten aus dem Vatikan und aus adeligen Galerien in den Louvre. Doch auch «belastendes» Material wie die Prozessakten der Inquisition wurde beschlagnahmt und weggeführt. Im Gegensatz zu vielen berühmten Kunstwerken haben diese Quellenschätze nicht mehr den Weg zurück gefunden.

Doch der schwerste Schock stand den Römern noch bevor. Als Hauptort des Departements «Tiber» wurde der Ewigen Stadt das ebenso rigorose wie effiziente Verwaltungssystem der Grande Nation übergestülpt. Ein unmittelbar der Pariser Zentrale unterstellter Präfekt mit einem breiten und gut ausgebildeten bürokratischen Unterbau unternahm jetzt die wahrhaft herkulische Anstrengung, Rom, die Kapitale Alteuropas, in eine moderne Metropole umzuformen. Dazu waren erst einmal statistische Erhebungen über Besitzverteilung, Einkommen, Berufe und Gewerbe erforderlich. Sie erbrachten die zu erwartenden Resultate. Grund und Boden gehörten wie seit unvordenklichen Zeiten wenigen großen Familien und reichen kirchlichen Einrichtungen. Nur einzelne Aufsteiger aus dem städtischen Bürgertum waren als Pächter adeliger Latifundien wohlhabend geworden. Die Familie des einzigen neuen Krösus kam aus Frankreich. Als Sohn eines ehemaligen Kammerdieners, der auf Großhändler und Bankier umgesattelt hatte, vermehrte Giovanni Torlonia sein ansehnliches Erbe durch kühne Spekulationen im risiko-, aber auch chancenreichen Zeitalter der Revolutionen und Kriege beträchtlich. Bezeichnenderweise hatte er danach nichts Eiligeres zu tun, als sich in Lebensstil und Selbstdarstellung dem römischen Adel so weit wie möglich anzugleichen; von dieser Inszenierung des Aufsteigers legt die ab 1802 erbaute Villa an der Via Nomentana Zeugnis ab. Von einem seiner Werte bewussten, ökonomisch dynamischen und politisch liberalen Bürgertum aber gab es in Rom kaum eine Spur. Als einzige Gewerbetreibende von Belang außerhalb der Landwirtschaft fielen die Bauunternehmer ins Gewicht.

Sie hatten unter der fremden Administration reichlich zu tun. Geist und Geschmack des Klassizismus waren nach einem halben Jahrhundert bis in die hohe Verwaltung vorgedrungen. Zudem gab es klare Anweisungen von oben; sie zielten darauf ab, die ehemalige Hauptstadt der Päpste zu einer Propaganda-Bühne umzugestalten, die den neuen Herrschaftsverhältnissen angemessen war. Da die Republik in Frankreich ausgedient hatte, waren auch die Träume von Scipionen- und Gracchentum ausgeträumt. Den historischen Anknüpfungspunkt konnte unter einem Kaiser der Franzosen jetzt nur das Rom der Cäsaren bilden – der guten und militärisch erfolgreichen, versteht sich. Kühne Pläne, die als «mittelalterlich» verrufene Altstadt flächendeckend abzureißen und stattdessen auf den Ruinen der Antike die Marmorstadt eines zweiten Augustus zu errichten, wurden erwogen, blieben jedoch infolge des Untergangs Napoleons 1814/15 unausgeführt. Wie dieses «reantikisierte» Rom hätte aussehen sollen, lässt sich am ehesten aus der Neugestaltung der Piazza del Popolo durch den Architekten Valadier ermessen. Säulen mit Schiffsschnäbeln, Statuen und Brunnen sollten die Wiederbelebung einer antiken Größe versinnbildlichen, welche die direkte Konkurrenz mit dem Stadttor und den Doppelkirchen des 17. Jahrhunderts sucht – und verliert.

Der Übergang in die Zeit der Restauration, wie sie der Wiener Kongress mit der Wiederherstellung des Kirchenstaats einleitete, vollzog sich in Rom gleitend. Pius VII. (1800–1823) war kein konservativer Hardliner, eine systematische Verfolgung von «Kollaborateuren» blieb aus. Dafür wurden die römischen Juden ab 1814 wieder im Ghetto eingeschlossen – die Grenzen der Duldsamkeit gegenüber dem liberalen Zeitgeist waren damit klar abgesteckt. Auf der anderen Seite übernahm der einflussreiche Kardinalstaatssekretär Ercole Consalvi einige Errungenschaften der «Franzosenzeit» in sein Reformkonzept von 1816. Die Provinzen wurden jetzt nicht mehr von hohen Prälaten, sondern von Zivilverwaltungen regiert. Und auch das napoleonische Prinzip, die besitzenden Eliten durch regelmäßige Konsultation indirekt an der Herrschaft zu beteiligen, fand Nachahmung. Für nicht wenige Kardinäle waren diese vorsichtigen Zugeständnisse bereits eine Kapitulation vor dem Zeitgeist der Toleranz und der Liberalisierung, dem es mit allen Mitteln zu wehren galt.

Diesen tiefen Riss innerhalb der kirchlichen Elite spiegelt der Konflikt um das Grabmal Pius' VII. wider. Consalvi hatte testamentarisch verfügt, dass dieses Monument von Antonio Canova oder, wenn dieser nicht zur Verfügung stand, von Bertel Thorvaldsen geschaffen werden sollte. Da Canova vor Pius starb, ging der Auftrag an einen Bildhauer, der zwar weltberühmt, aber als Däne Protestant war. Dass ein «Ketzer» einem Papst in der Basilika des heiligen Petrus die letzte Ruhestätte bereiten sollte, war für die konservative Kardinalsfraktion eine unerträgliche Vorstellung. Nach langem Tauziehen und mancherlei Intrigen aber erwies sich der Letzte Wille Consalvis als unantastbar. Allerdings musste Thorvaldsen bei der Arbeit an der heiß umstrittenen Erinnerungsstätte mancherlei Planänderungen vornehmen. Das Ergebnis ist dennoch ungewöhnlich genug: Ein sitzender Papst ohne Tiara auf dem Haupt, mit eindringlichem Blick und ebensolcher Segensgeste erschien vielen als allzu «protestantisch».

Im Konklave nach dem Tod Pius' VII. im August 1823 hatten die rückwärts gewandten Kräfte das Sagen. Mit Leo XII. (1823–1829) wurde ein Papst gewählt, der sich die konsequente Wie-

Ein Papstgrabmal der etwas anderen Art: Der marmorne Pius VII. (1800–1823) von der Hand Bertel Thorvaldsens triumphiert nicht, sondern segnet. Ein Verzicht auf die Attribute der Macht stand dem Papst, der in Napoleons Gefängnissen geschmachtet hatte, wohl an. Für die konservativen Kardinäle hingegen war die Statue zu «protestantisch».

derherstellung des vorrevolutionären Europas ebenso zum Ziel setzte, wie auch sein zweiter Nachfolger Gregor XVI. (1831–1846). Dieser reaktionäre Kurs wurde so entschieden eingeschlagen, dass es selbst dem führenden Politiker der Restauration, dem österreichischen Staatskanzler Metternich, angst und bange wurde. Das Verbot von Impfungen und wissenschaftlichen Kongressen musste den liberalen und nationalen Kräften genau den Aufschwung verschaffen, den es in seinen Augen zu verhindern galt. Es kam so weit, dass die europäischen Großmächte dem Papst zu maßvollen Reformen rieten – vorerst vergeblich. Die Sorgen Metternichs waren nicht unbegründet. Vor allem im Norden des Kirchenstaats kam es Anfang der 1830er Jahre unter Führung liberaler Honoratioren zu Aufständen, die sich allerdings in regionalen Eifersüchteleien erschöpften. In Rom hingegen blieb alles ruhig. Wie sollte es auch anders sein? Mit der Restauration der päpstlichen Herrschaft war auch ein Gutteil der alten Schutzvorkehrungen zugunsten der Unterschicht zurückgekehrt. Und die Aristokratie sah ihre Interessen in einem so konservativen Klima aufs beste gewahrt.

Dennoch war das Verhältnis von Adel und Kirche nicht mehr dasselbe. War ein Kardinalat für die großen römischen Familien lange Zeit das selbstverständlich vorgegebene Ziel jeder geistlichen Laufbahn, so büßte der rote Hut wie der kirchliche Dienst insgesamt jetzt immer mehr an Prestige ein. Ja, die Situation verkehrte sich geradezu ins Gegenteil. Die Päpste des 19. Jahrhunderts mussten um Kleriker aus den führenden Kreisen regelrecht werben, und zwar trotz aller Karrierevergünstigungen mit abnehmendem Erfolg. Dafür waren zwei Hauptgründe ausschlaggebend. Die Rekrutierung des obersten Klerus hatte sich insgesamt verändert; immer mehr Bischöfe und Kardinäle entstammtem nicht mehr dem Adel, sondern mittleren, nicht selten kleinbürgerlichen Schichten. Vor allem aber geriet das Papsttum im Laufe der Jahrzehnte in eine immer entschiedenere Opposition zur Haupttendenz des Zeitalters, dem Nationalismus, der auf die Errichtung eines Nationalstaats drängte. Vom Geist des romantischen Risorgimento, der «Wiederauferstehung» der italienischen Nation in ihrer alten Größe, aber waren auch zahlreiche Abkömmlinge aristokratischer Geschlechter durchdrungen. Wer von ihnen sowohl katholisch als auch national gesinnt war, sah sich in ein immer tieferes Dilemma gestürzt.

Der Widerstand der Päpste gegen ein vereintes Italien war realpolitisch und ideologisch zugleich motiviert. Zum einen war schwer erkennbar, wie sich ein solcher Nationalstaat mit der Fortdauer ihrer territorialen Souveränität vereinbaren lassen sollte. Zum Verzicht auf ein eigenes Herrschaftsgebiet aber waren die Päpste nicht bereit. Im Gegenteil, der Kirchenstaat diente ihnen weiterhin nicht nur als Grundlage der Unabhängigkeit von den Mächtigen dieser Welt, sondern auch als Schaubühne der wahren politischen Ordnung. Zum anderen war die Sakralisierung der Nation in römischen Augen allzu offensichtlich Ersatz für die Konfession. Ja, für das Papsttum wies der Nationalismus des 19. Jahrhunderts Züge eines regelrechten Götzendienstes auf. Er huldigte sowohl der Nation als auch dem Staat – und sprach beide von jeglicher Moralaufsicht durch die Kirche frei. Durch den zerstörerischen Krieg im Namen der Nation, der sich am Horizont abzeichnete, musste zudem die Einheit des katholischen Europa vollends zerbrechen. Überdies sah die Kurie Nationalismus und Liberalismus als eine Einheit an. Liberal aber hieß, römisch buchstabiert: kirchenfeindlich bis aufs Messer, Wissenschaft kontra Glauben, Fortschritt anstelle geheiligter Traditionen. Verständigung war so ab den 1830er Jahren nicht mehr möglich.

16. Rom und das Risorgimento

Sämtliche Strömungen des Risorgimento hatten eine gemeinsame Wurzel: die Rechtfertigung der Gegenwart aus der Geschichte. Der künftige Nationalstaat musste aus den tiefsten Wurzeln der Vergangenheit erwachsen – im Gegensatz zu den Fehlentwicklungen der letzten Jahrhunderte, die das Antlitz Italiens verunstaltet hatten. Die Vordenker der nationalen Einigung rechtfertigten ihren Führungsanspruch damit, als einzige den Sinn der nationalen Geschichte entschlüsselt zu haben und eine adäquate Wiederanknüpfung zu garantieren.

Obwohl die Römer selbst dieser Debatte fern standen, spielte Rom, verstanden als historisches Prinzip, darin notwendigerweise eine Hauptrolle. Wie seit zwei Jahrtausenden gab es Lobredner und Ankläger. Gegen Rom als Leitstern der Geschichte, Gegenwart und Zukunft Italiens votierten sehr unterschiedliche Ideengeber mit unvereinbaren Zielvorstellungen. So erhob der Piemontese Vincenzo Gioberti Einspruch gegen die römische Weltherrschaft, weil sie mit ihrem Imperium jede Art von Eigenständigkeit erdrückt, also auch den nationalen Geist Italiens verdunkelt habe. Dieser aber verlange kategorisch nach Föderalismus. Territoriale Vielheit statt eines öden Zentralismus: das war für Gioberti die wahre politische Ordnung Italiens und die Erlösung von allen politischen Übeln. In einer kühnen Kehrtwendung betrachtete er die Päpste nicht, wie diese selbst, als Erben des Imperiums, sondern als Wiederhersteller nationaler Vielfalt im Geiste christlicher Friedfertigkeit. Dieser Sicht der Geschichte entsprechend lief sein Modell für das gegenwärtige Italien auf einen Fürstenbund unter dem Ehrenvorsitz des Papstes hinaus. Ganz andere historische Gründe führte der linksdemokratische Vordenker Giuseppe Ferrari ins Feld: Rom war für ihn der Hort des öden Zentralismus und der imperialen wie klerikalen Unterdrückung. Stattdessen sei Florenz, wo die Moderne und damit der Fortschritt entstanden seien, zur Hauptstadt des neuen Italien bestimmt.

Für Rom als unverzichtbaren Mittelpunkt des neuen Nationalstaates trat vor allem Giuseppe Mazzini ein, der wortgewaltige Prophet einer demokratischen Einigung im Geiste von Brüderlichkeit und Solidarität. Für ihn war der Nationalstaat weit mehr als eine Vernunftlösung, er war geradezu ein von Gott erteilter Auftrag. Und Rom als Hauptstadt allein gewährleistete die richtige Ordnung der neuen Republik. Diese musste zentral sein, weil jede Form von Föderalismus die Fortdauer von Privilegien und Ungleichheit bedeuten würde. In diesem Sinne betrieben die romantischen Idealisten, die sich opferbereit um

Mazzini scharten, einen regelrechten Ruinenkult; Mondscheinspaziergänge auf dem Forum Romanum waren für sie die rechte Einstimmung auf den Freiheitskampf, der diesen Überresten neues Leben einhauchen würde.

Und die Zeit zu handeln, so schien es, war nicht mehr fern. In das erstarrte politische Leben geriet mit der Wahl Pius' IX. im Jahr 1846 unvermittelt Bewegung. Der neue Papst brach ostentativ mit dem reaktionären Kurs seines Vorgängers, erließ eine Amnestie für politische Gefangene, hob die Einzwängung der Juden im Ghetto auf und führte Reformen wie einen römischen Stadtrat ein, die man als Verheißung einer weiterreichenden Konstitutionalisierung in der Zukunft verstehen konnte. In Anbetracht der damit verknüpften Hoffnungen brachen die März-Revolutionen des Jahres 1848 im Norden und nicht am Tiber aus. In die Ewige Stadt verlagerte sich das Aufbegehren erst im Herbst, als der revolutionäre Elan in der Lombardei bereits gebrochen war; vor dieser Radikalisierung floh Pius IX. nach Gaeta. Seinen Höhepunkt erreichte der römische Ableger der Revolution ab Februar 1849, als eine Schar zum Äußersten entschlossener Berufsrevolutionäre die Ewige Stadt zur Bühne eines letzten großen Kampfes gegen die Mächte der Reaktion auserkoren hatte. Die in diesem Monat ausgerufene Republik stand unter der Führung eines revolutionären Triumvirats, in dem Mazzini die Hauptrolle spielte. Im Gegensatz zu 1798 wollte er dem neuen Gemeinwesen nicht nur eine demokratische, sondern auch eine soziale Note verleihen; Verteilung von Großgrundbesitz an Kleinbauern stand auf der Tagesordnung. Doch wurden alle Energien rasch für die militärische Verteidigung benötigt. Ausgerechnet Louis Napoleon Bonaparte, ehemaliger Geheimbündler und als Neffe des großen Kaisers zum französischen Staatspräsidenten aufgestiegen, schickte Truppen, um dem Papst seine Hauptstadt zurückzuerobern. Dahinter stand die Absicht, die gemäßigten katholischen Eliten für sich zu gewinnen und so die Umwandlung der Republik in ein zweites Empire vorzubereiten.

Die römischen Republikaner unter Führung des Berufsrevolutionärs Giuseppe Garibaldi, der sich schon in Südamerika seinen Ruf als Freiheitsheld errungen hatte, kämpften heroisch gegen den weit überlegenen Gegner; bei der Porta San Pancrazio im Norden der Stadt und in der davor gelegenen Villa Pamphili sind noch Spuren dieses erbitterten Ringens sichtbar. Anfang Juli 1849 aber mussten die Garibaldianer kapitulieren; Pius IX. war wieder Herr seiner Hauptstadt. Und er ging unverzüglich daran, sie in der Tradition seiner Vorgänger zum Sinnbild gottgewollter Herrschaft zu gestalten. Bereits während der revolutionären Tumulte hatte der Architekt Girolamo Bianchedi damit begonnen, die Kirche S. Maria sopra Minerva zu «gotisieren». Ungewöhnlich daran war, dass die Basilika aus dem 13. Jahrhundert stammte, also vom Ursprung her unbezweifelbar gotisch war – doch für Bianchedi und Pius IX. eben nicht gotisch genug. Für sie war dieser Stil Inbegriff von Frömmigkeit und Papsttreue. Und um diese Botschaft dem irregehenden 19. Jahrhundert zu vermitteln, mussten eben in die gotische Basilika Elemente einer idealisierten Gotik implantiert werden. So entstanden Spitzbögen, Maßwerkfenster und leuchtende Bilder im pseudo-mittelalterlichen Stil – und das auch noch auf falschem Marmor, wie die Ästheten empört vermerkten. Das Programm dieser Dekoration, in der die heiligen Glaubenswächter des Mittelalters die Hauptrolle spielten, verkündete eine Botschaft, die vor allem die Liberalen mittelalterlich anmutete: Die Kirche triumphierte über alle Ketzer, und zwar mithilfe einer Inquisition, die diese Irrlehren zu widerlegen und zu unterdrücken wusste.

In den gut zwei Jahrzehnten, die ihm als Herrscher Roms noch beschieden waren, erweiterte Pius IX. diese Botschaft um mancherlei zusätzliche Elemente. Dass – im Gegensatz zum übrigen Europa – in Rom die Tage einer harmonischen Einheit von Gott und Welt, Kirche und Macht zurückgekehrt waren, sollte die «Vermittelalterlichung» weiterer Kirchen wie S. Agnese fuori le mura und S. Lorenzo in Lucina veranschaulichen. Dazu kamen Gewerbebauten wie die Tabakfabrik in Trastevere, die fleißigen christlichen Arbeitern Lohn und Brot bieten sollten. Auf der anderen Seite wurden die Juden in dieser Zeit der Restauration wiederum mancherlei Diskriminierungen unterworfen und sogar Zwangstaufen ausgesetzt – siehe den Fall des Knaben Edgar Mortara aus Bologna, der das liberale Europa zutiefst empörte. Trotz – oder gerade wegen – seiner Haltung gegen den Strom der Geschichte wurde Rom in den letzten Jahren päpstlicher Souveränität zum Magneten für europäische Intellektuelle und Künstler. Ihre zutiefst gespaltene Haltung hielt der preußische Liberale Ferdinand Gregorovius, der Historiker Roms im Mittelalter, in seinem Tagebuch fest: Bei aller Missbilligung der reaktionären Papstherrschaft war Rom in seiner Unzeitgemäßheit doch das Buch der Geschichte schlechthin. Daraus zog nicht nur Gregorovius den Schluss, die Einverleibung der Stadt in den 1861 geschaffenen italienischen Nationalstaat unter der savoyisch-piemontesischen Dynastie zu befürworten und zugleich für die Erhaltung der Ewigen Stadt als unersetzliches Denkmal der Vergangenheit zu kämpfen. Die große Frage war, ob sich beides miteinander vereinbaren lassen würde.

Lösungen waren gefordert, als die Truppen des Königreichs Italien die Ewige Stadt am 20. September 1870 nach kurzem, aber blutigem Kampf eroberten. Rom wurde die Hauptstadt des vereinten Italien, Pius IX. aber betrachtete sich bis zu seinem Tod im Februar 1878 als Gefangener im Vatikan. So trat der neue Nationalstaat mit einer schweren Hypothek ins Leben. Die Ablehnung durch die Kirche, die sich bis zum Boykottaufruf bei Parlamentswahlen steigerte, schwächte seine ohnehin geringe Autorität und Popularität. Auf der anderen Seite wurden die neuen Machthaber zu antiklerikalen Aktionen gedrängt, die ihrer liberal-konservativen Weltanschauung gar nicht entsprachen. Die Aufhebung und Enteignung zahlreicher Klöster erregte vor allem im Süden des Landes den Volkszorn. Für die ländliche Unterschicht war eine gottgewollte Ordnung verletzt, zudem verschlechterten sich ihre Lebensbedingungen. Die alten, von der Kirche ausgespannten sozialen Sicherheitsnetze waren eingerissen, der Steuerdruck erhöhte sich, dazu kam der verhasste Militärdienst. Wut und Enttäuschung entluden sich in den ersten Jahren nach der Einigung in einem regelrechten Bürgerkrieg, der von beiden Seiten mit archaischer Grausamkeit ausgetragen wurde.

Die Trägerschicht des Staates, dem Rom jetzt als Kapitale dienen sollte, war äußerst schmal; wahlberechtigt waren am Anfang gerade einmal 2 Prozent der Gesamtbevölkerung. Und die Methoden der herrschenden Politikerkaste in Abgeordnetenhaus und Senat entsprachen auch nicht unbedingt dem liberalen Wertekanon der Rechtsstaatlichkeit und Chancengleichheit. Einschüchterung politischer Gegner und Manipulation von Wahlen standen auf der Tagesordnung; als noch wirksamer erwies sich langfristig, die Opposition an der Macht und deren Privilegien zu beteiligen. Alle diese Praktiken entsprangen einer ausgeprägten Wagenburgmentalität: Die adeligen und bürgerlichen Honoratioren, die den Nationalstaat als ihre Errungenschaft ansahen, misstrauten sowohl der klerikalen Rechten als auch der mazzinisch-garibaldischen Linken. Verwaltet wurde der zentralistische Einheitsstaat nach Prinzipien, die ihren autoritären Charakter und damit ihre napoleonischen Ursprünge nicht verleugnen konnten. Auf der Grundlage der rudimentären Verfassung Piemonts von 1848 fiel die Machtverteilung zwischen Parlament und Monarchie zugunsten der Exekutive aus. Der König hatte nicht nur den Oberbefehl über die Streitkräfte, er konnte überdies die Regierung ernennen und entlassen, Verträge mit anderen Staaten schließen und über Krieg und Frieden entscheiden. Rücksicht auf die Mehrheitsverhältnisse in den Kammern hatte er nur insoweit zu nehmen, als die Stimmen für die Verabschiedung von Gesetzen zusammengebracht werden mussten.

Trotz dieser Verengungen und Einseitigkeiten berief sich das Königreich Italien darauf, aus dem Willen der Nation hervorgegangen zu sein und diesen jetzt wie in Zukunft getreulich auszuführen. Volkswille und Fortschritt – das waren die Parolen, mit denen man die Stadt der Päpste zugunsten der neuen Ordnung umzuwidmen versuchte. In seiner Propaganda präsentierte sich der neue Staat daher liberaler als in seiner Regierungspraxis. Der Kampf um die ideologische Hoheit am Tiber war damit eröffnet.

17. Unter neuen Herren

In den Augen des modernen Europa war Rom eine rückschrittliche, ja unzeitgemäße Stadt: mit 1870 nicht einmal 200 000 Einwohnern unfähig zum Wachstum, unhygienisch, wie die regelmäßig ausbrechenden Cholera-Epidemien belegten; unproduktiv, wie die weiterhin kaum besiedelte Campagna anzeigte; undiszipliniert, wie die Heerscharen der Bettler unter Beweis stellten; unbeweglich, wie die schlechten Verkehrswege und -anbindungen zeugten – und natürlich ganz und gar unwissenschaftlich, wie die von oben geförderte Volksreligiosität mit ihrer Verehrung wundertätiger Marienbilder und anderer abergläubischer Kulte täglich vor Augen führte. Das alles war, propagandatechnisch gesehen, die ungeschützte Flanke des alten Regimes. Hier hatten die Gestalter des neuen Rom anzugreifen.

Die Elemente hatten sie erst einmal gegen sich. Exakt einhundert Tage nach der Eroberung, am 28. Dezember 1870, fuhren die Römer mit Booten durch ihre Stadt, so hoch war der Tiber über seine Ufer getreten. Die Stadt wurde überschwemmt, weil schützende Ufermauern fehlten, sagten die neuen Herren; weil Gott den frevelhaften Raub der päpstlichen Hauptstadt für alle Welt sichtbar bestrafen wollte, verkündeten die Priester von den Kanzeln. Ob rein meteorologisch oder von höheren Mächten verursacht, die Fluten vermochten den Stadtumbau nicht aufzuhalten. Am brachialsten gingen die Stadtplaner bei ihren Straßendurchbrüchen vor. Breite neue Achsen wie der Corso Vittorio Emanuele II. wurden durch das enge Gassengewirr der Altstadt geschlagen. Und die Piazza Venezia erfuhr 1885 einen regelrechten Kahlschlag; zwar blieb der noble Palazzo gleichen Namens erhalten, doch wurde der gegenüberliegende Palazzetto abgetragen und auf diese Weise die intime Geschlossenheit des Raumes zerstört. Und das mit voller Absicht – der Platz war jetzt nur noch Vorspiel und Blicköffner zugleich: Alle Augen sollten sich auf den Hintergrund richten, wo im selben Jahr die Arbeiten am propagandistischen Hauptstück des «italienischen» Rom einsetzten.

Dem gigantischen Nationalmonument zu Ehren des ersten Königs von Italien, Vittorio Emanuele II., der bei seinem Tod 1878 zum «Vater des Vaterlandes» erhoben worden war, fiel ein altes Stadtviertel zwischen Kapitol und Forum zum Opfer. 1912 noch unfertig eingeweiht, sollte der riesenhafte Verherrlichungskomplex die Einheit und Brüderlichkeit aller Italiener unter Beweis stellen. Ob Groß oder Klein, Rechts oder Links, sie alle hatten – so die Botschaft des pompösen Monuments – dem Vaterland aller Italiener und damit demselben hohen Zweck gedient. Um diese Versöhnung zu veranschaulichen, symbolisierten im Marmorwald der Reliefs und Standbilder zwei Statuen *pensiero* und *azione*, Theorie und Praxis, Kernbegriffe der politischen Philosophie Mazzinis. Dieser war vierzig Jahre zuvor als steckbrieflich gesuchter Unruhestifter in einem Italien gestorben, das er wie Garibaldi nicht als seine politische Heimat anerkannte. Natürlich erhielt auch dieser zweite große Unversöhnte sein Standbild. Aufgestellt wurde es 1895 von einer antiklerikal gesinnten Stadtregierung auf dem Gianicolo-Hügel, und zwar so, dass der General hoch zu Ross seinen grimmigen Blick auf die Kuppel des Petersdoms und die vatikanischen Paläste richtete; ein kirchenfreundlicherer Stadtrat drehte sie später zur anderen Seite.

Aber auch ältere historische Rechnungen wurden dem Papsttum präsentiert. 1887 wurde dem frühen Freidenker Giordano Bruno, den die Inquisition im Februar 1600 auf der Piazza Navona verbrennen ließ, ein Bronzedenkmal errichtet – genau da, «wo der Scheiterhaufen loderte», wie die darunter angebrachte Inschrift erläutert. Auf den Reliefs zu seinen Füßen vertreten feiste Kuttenträger eine Anklage, die sich nicht nur gegen den Leugner des Christentums und Verkünder der Unendlichkeit der Welt, sondern gegen den Geist des Fortschritts schlechthin richtet. In diesem Sinne erinnert eine Bronzestele vor der Villa Medici auf dem Pincio daran, dass hier Galilei in Untersuchungshaft gefangen saß – «schuldig der Entdeckung, dass sich die Erde um die Sonne dreht».

Dass der so lange unterdrückte Geist des Fortschritts endlich auch am Tiber Einzug gehalten hatte, sollte darüber hinaus, wie schon 1798, dadurch zum Ausdruck gebracht werden, dass zentrale Stätten des päpstlichen Rom symbolträchtig neu besetzt wurden. In den päpstlichen Gerichtspalast von Montecitorio quartierte sich die Abgeordnetenkammer ein; der Senat bezog mit dem Palazzo Madama unweit der Piazza Navona ein nicht weniger nobles Domizil. Stadtresidenz des Königs wurde der Quirinalspalast. Im anschließenden Stadtviertel um die «Straße des 20. September» (die die Eroberung von 1870 feiert) wuchsen die neuen Ministerien empor, die mit ihren riesenhaften Ausmaßen und strengen Fassaden den Geist einer gerechten, bürgernahen Verwaltung atmen sollten. Doch diese Botschaft erreichte nicht unbeeinträchtigt ihr Publikum. Gerade das gigantische Finanzministerium, das nicht weniger als 2300 Beamten Raum zur Überprüfung der Steuerklärungen bieten sollte, wurde in den Augen der einfachen Römer aufgrund maßlos angewachsener Baukosten und zahlreicher Korruptionsskandale zum Sinnbild staatlicher Misswirtschaft. Das galt auch für den neuen «Palast der Gerechtigkeit» auf dem anderen Tiberufer, der 1888 bis 1910 in nicht minder gewaltigen Dimensionen und einem zwischen Renaissance- und Barockformen schwankenden Mischstil erbaut wurde.

Aber nicht nur die öffentliche Hand schürte die Bauwut. In einer Stadt, die ihre Einwohnerzahl bis 1920 mehr als verdreifachte, schien den Geist der Zeit zu verkennen, wer sich nicht am florierenden Immobiliengeschäft beteiligte. So wurde die innerhalb der Stadtmauern gelegene Villa Ludovisi von einem rührigen Zuckerfabrikanten erworben, der zwischen die barocken Grotten und Brunnen seinen Prunkpalast im Zuckerbäcker-Geschmack dieser fiebrigen römischen Gründerjahre stellen ließ. Verständlich, dass auch die großen Adelsfamilien nicht abseits stehen wollten. Allerdings folgte auf den Boom der unvermeidliche Krach. Unter denen, die sich verspekuliert hatten, waren auch die Borghese, die so lange mit so großem kaufmännischem Geschick ihren Reichtum gemehrt hatten. 1891 blieb ihnen nichts anderes übrig, als ihre grandiose Villa Pinciana nebst der kostbaren Gemäldesammlung an die Stadtgemeinde zu veräußern. Sie «demokratisierte» den vornehmen Park auf ihre Weise: durch eine Pferderennbahn, Karussells und Imbissbuden.

Die gezielte Zerstückelung und Resteverwertung der Villa Borghese spiegelt den Anbruch einer neuen Zeit. Allen Widerständen der konservativen Eliten zum Trotz hatte sich Italien bis zum Vorabend des Ersten Weltkrieges tiefgreifend gewandelt. Parallel zur Ausdehnung des Wahlrechts, das bis 1912 nahezu der gesamten volljährigen männlichen Bevölkerung zuteil wurde, hatten sich Massenparteien gebildet, die die alten Honoratioren-Wahlvereine verdrängten. Der Druck der Straße drang jetzt immer stärker in die Kammern der Deputierten und Senatoren ein, wo schmale Machteliten mit dem Segen des Königs weiterhin die große Politik unter sich ausmachten. Diese Mischung aus Geheimdiplomatie und Massenagitation führte im Mai 1915, am Parlament vorbei, zum Eintritt Italiens in den Ersten Weltkrieg auf der Seite Frankreichs, Englands und Russlands gegen Deutschland und Österreich. Mit der Hoffnung auf territoriale Zugewinne auf Kosten des Habsburgerreiches begonnen, wurde der Krieg zu einer Feuerprobe ohnegleichen, ja zu einer Frage von Sein oder Nichtsein.

Obwohl Italien im November 1918 nach schwersten Verlusten zu den Siegermächten zählte, gewann es die schon vor 1915 gefährdete Stabilität nicht zurück. Im Gegenteil: Die innere Polarisierung zwischen sozialistischen und nationalistisch-konservativen Kräften schritt unaufhaltsam voran. In dieser bürgerkriegsähnlichen Situation setzten die besitzenden Schichten und mit ihnen die alten Eliten zunehmend auf die neue politische Kraft der Faschistischen Partei, die sich um den ehemaligen Chefredakteur des sozialistischen Parteiorgans, Benito Mussolini, gebildet hatte. In seiner Ideologie verschmolzen die Verherrlichung des Krieges als Auslese der Führer, kruder Sozialdarwinismus, Rechtfertigung der Gewalt, Propaganda zur Steuerung der Massen sowie der Kult der Technik und der Jugend mit der Verheißung, die großen Zeiten der italienischen Geschichte wieder heraufzuführen. Vor allem dieses vom Risorgimento uneingelöste Versprechen gewann der neuen Bewegung die Unterstützung breiterer (bildungs-)bürgerlicher Schichten. Italien schien auf diese Weise nicht nur endlich Anschluss an die Moderne zu erhalten, sondern auch seine so lange verteidigte kulturelle Führungsposition zurückzugewinnen. Dass der Ewigen Stadt in den herrlichen Zeiten, die jetzt anbrechen sollten, eine wichtigere Rolle denn je zugedacht war, machte der symbolische Marsch der Faschisten nach Rom im Oktober 1922 deutlich. Eine Eroberung war dieser Zug nicht, seinen Zweck erreichte er dennoch. Ohne militärische oder politische Not ernannte König Vittorio Emanuele III. den Führer der Faschisten zum Ministerpräsidenten.

Auf die Unterstützung der alten Eliten in Wirtschaft und Politik konnte Mussolini, der Duce, auch dann zählen, als er nach einer längeren, bis 1926 dauernden Übergangsphase diktatorisch und mit immer brutalerem Terror regierte. Unter diesen düsteren Vorzeichen wurde Rom zur Bühne eines großangelegten Personenkults. Dabei lautete das Leitmotiv: Mussolini, der neue Augustus. Diese Botschaft verkündeten nicht nur eine dem ersten römischen Kaiser gewidmete Ausstellung, sondern auch eine Vielzahl von Baumaßnahmen und die Inszenierung des Duce selbst. Seine Reden an die Nation hielt Mussolini vom Balkon des Palazzo Venezia. Von dort konnte er geschichtsträchtig die Augen auf das Nationalmonument mit dem Grab des unbekannten Soldaten richten und den Blick noch viel weiter zurück in die Vergangenheit schweifen lassen. Seitwärts davon nämlich erstreckten sich die Kaiserforen, die 1931/32 durch die Via dei Fori imperiali wie Perlen aneinander gereiht worden waren, und zwar ohne Rücksicht auf archäologische Verluste. Auf dieser imperialen Prachtstraße paradierte der Duce bei besonderen Anlässen wie Besuchen auswärtiger Staatsoberhäupter oder an nationalen Gedenktagen. Darüber hinaus ließ er Großbauten errichten, die mit ihren Architekturformen an die altrömische Größe anknüpfen und die Qualitäten des Regimes unter Beweis stellen sollten: Volksnähe, soziale Fürsorge, Wirtschaftskraft, Geschichtsbewusstsein und militärische Potenz. Als «faschistischer» Stil bildete sich so die wenig variable Kombination von Säulen, Rundbögen und viereckigen Fensterhöhlen heraus, oft geschmückt durch Mosaiken, die Familie, Arbeit und Wehrhaftigkeit feierten. Ein Musterensemble dieser Art ist bis heute neben dem Mausoleum des Augustus erhalten, ebenso im EUR-Viertel, das weit vor den Toren der Stadt, auf halbem Weg nach Ostia, für eine Weltausstellung («Esposizione Universale di Roma») errichtet wurde, die nach Beginn des Zweiten Weltkrieges nicht mehr stattfinden konnte.

Einige Jahre zuvor war mit der Via della Conciliazione eine neue Straße erbaut worden, welche die «Versöhnung» zwischen der katholischen Kirche und dem faschistischen Staat feiern sollte. Sie führte schnurgerade vom Tiberufer zur Peterskirche und verband so auf dem kürzest möglichen Weg die zwei Staaten in einer Stadt. Am 11. Februar 1929 nämlich hatten Mussolini und Pius XI. die Lateranverträge geschlossen, die den Vatikanstaat begründeten und ein Konkordat in Kraft setzten, die der katholischen Kirche Vorrechte und Freiräume innerhalb der Diktatur zusicherte. Zum päpstlichen Territorium zählte nicht nur das Gebiet innerhalb des vatikanischen Mauergürtels, sondern auch eine Reihe von Basiliken und Palästen. Die seit 1870 offene «römische Frage» war endlich beantwortet, zum Vorteil beider Seiten – und zum Nachteil des Petersplatzes. Ihm wurde irreparabler Schaden zugefügt. Die neue Prachtstraße riss ihn aus der perspektivischen Verborgenheit des ursprünglichen Gassengewirrs heraus und beraubte den Besucher so eines atemberaubenden Überraschungsmoments.

18. Stadt ohne Hüter?

Wie sehr der Faschismus bei aller Gewalt und Inhumanität ein Fassadenregime geblieben war, zeigte sich bald nach dem Eintritt Italiens in den Zweiten Weltkrieg im Juni 1940. Nach ununterbrochenen Niederlagen auf allen Kriegsschauplätzen und innerer Erosion brach Mussolinis Regime im Juli 1943 zusammen. Rom sowie das mittlere und nördliche Italien fielen schon wenige Wochen später unter die Herrschaft des nationalsozialistischen Deutschland. Am Tiber knüpfte die SS da an, wo der ab Mitte der 1930er Jahre rassistisch und antisemitisch radikalisierte Faschismus aufgehört hatte. Die brutale Hetzjagd auf Juden und politische Gegner mit nachfolgenden Deportationen in die Vernichtungslager dauerte bis zur Einnahme der Stadt durch die amerikanischen Truppen im Juni 1944. Die Rolle, die Pius XII. während des nationalsozialistischen Terrorregimes und des Holocaust spielte, wird bis heute kontrovers diskutiert. Doch steht fest, dass der (am Petersplatz inschriftlich als «Verteidiger Roms» verherrlichte) Pacelli-Papst weder die Vernichtung der Juden insgesamt noch deren Deportation aus Rom ab Oktober 1943 offen anprangerte; für dieses Schweigen werden in der Forschung vor allem gewachsene antijüdische Feindbilder sowie vorsichtiges Taktieren im Hinblick auf die Nachkriegsordnung Italiens als Erklärungen angeführt.

Im Juni 1946 stimmte die Mehrheit der Italiener dafür, die durch den Faschismus zutiefst kompromittierte Monarchie abzuschaffen. Innerhalb des demokratischen Parteienspektrums, das die neue Republik – in der Regel mit sehr kurzlebigen Kabinetten – regierte, standen sich Christdemokraten und Kommunisten als Pole gegenüber. Mit ideologischer und publizistischer Unterstützung des Vatikans dominierte die – aus den Netzwerken rivalisierender Leader-Gestalten locker verfugte – Democrazia cristiana das System bis zur Krise der frühen neunziger Jahre.

Die dabei angewandten Methoden der Klientelbildung, der nützlichen Freundschaften zwischen Wirtschaft und Politik bzw. Politik und Mafia führten dazu, dass «Rom» zum Synonym für Vetternwirtschaft, steuerliche Aussaugung, administrative Inkompetenz, eine unaufhaltsam wuchernde Bürokratie und Korruption wurde. Diesem Feindbild hatte die politische Klasse im Bild der Stadt nichts entgegenzusetzen.

Ja, zum ersten Mal in einer zweieinhalbtausendjährigen Geschiche verzichtete die in Rom regierende Elite darauf, ihre Werte sinnfällig in das steinerne Geschichtsbuch der Ewigen Stadt einzuschreiben. Die wenigen repräsentativen Neubauten wie der schon unter Mussolini begonnene Hauptbahnhof der Stazione Termini geben sich betont ideologiefrei. Darin ist ohne Frage eine Reaktion auf die Herabwürdigung Roms als Projektionsfläche des Faschismus zu sehen, doch auch ein Lenkungs- und Sinngebungsvakuum. Zugleich nämlich wucherte die Stadt außerhalb des Zentrums ungehemmt und unkontrolliert weiter. Alle Bebauungspläne, die ab 1873 in kurzen Abständen zwecks Regulierung des Stadtwachstums ausgearbeitet worden waren, erwiesen sich schnell als Makulatur. Meist konnten die kommunalen Behörden die wie Pilze aus dem Boden schießenden neuen Quartiere nur im Nachhinein legalisieren und mehr schlecht als recht mit den unverzichtbaren Anschlüssen an Wasser und Strom versehen. Der Zuzug neuer Einwohner aus dem Süden, die diese Viertel bewohnten, erwies sich als genauso wenig steuerbar. Ursache dafür war die Rückständigkeit des Mezzogiorno mit seiner Arbeitslosigkeit und seiner organisierten Kriminalität, ein seit der Gründung des Nationalstaates hinlänglich diskutiertes Problem, das auch die vom Staat seit den sechziger Jahren forcierte Industrialisierung nicht zu lösen vermochte. Der urbane Moloch Rom wurde so zum Sinnbild sozioökonomischer und politischer Fehlentwicklungen.

Doch das bedeutete nicht das Ende des Rom-Mythos. Dessen Medium wurde jetzt der Film. Filme, die die neue Version des Mythos verbreiteten, wurden in den ausgedehnten Studios von Cinecittà im Süden der Stadt gedreht. Vermittelten die frühen, im Stil des Neorealismus gehaltenen Werke wie «Rom, offene

Stadt» von Roberto Rossellini noch ein ebenso dramatisches wie düsteres Bild vom Existenzkampf am Tiber, so setzten die Werke Federico Fellinis aus den sechziger und siebziger Jahren andere, nicht minder einprägsame Akzente: Rom, die surreal angehauchte Stadt voller Wunder und Absurditäten, in der die gleichfalls nicht geheure Geschichte irritierend lebendig blieb.

Geschunden wurde die reale Stadt nicht nur von der Dauerkrise des Südens, der politischen Institutionen und ihrer herrschenden Klasse, sondern auch vom italienischen Wirtschaftswunder zwischen 1958 und 1964. Mehr Wohlstand für alle hieß, aus dem Blickwinkel der römischen Gassen betrachtet, mehr Autos und mehr Verkehr. Konnten die Straßenplaner diesen Strom der Motorisierung über die Autostrada del Sole und den Raccordo anulare einigermaßen effizient in Richtung der Ewigen Stadt kanalisieren, so versagten alle verkehrspolitischen Maßnahmen in der auf drei Millionen Einwohner angeschwollenen Metropole selbst. Erst in den letzten Jahren wurden gegen alle Widerstände der Laden- und Restaurantbesitzer allmählich einzelne verkehrsberuhigte Zonen eingerichtet, in denen sich die Fußgänger wegen der Umstellung vieler Römerinnen und Römer auf die wendigere Vespa allerdings auch nicht wirklich sicher fühlen dürfen.

Das demokratische Italien, in Sachen eigener Repräsentationsbauten so zurückhaltend, hat auch für die Erhaltung der einzigartigen Bausubstanz seiner Hauptstadt lange Zeit wenig getan. Doch ist auch hier seit dem Beginn des 21. Jahrhunderts, parallel zur gleichfalls spät einsetzenden ökologischen Bewegung, eine Wende festzustellen. Viele vernachlässigte Zeugnisse der Vergangenheit werden endlich renoviert und, wie das zuvor völlig verwahrloste Mausoleum des Augustus, dem Publikum zugänglich gemacht. Dennoch steht dieser Prozess, das historische Zentrum bei aller Lebhaftigkeit von Handel und Wandel zu einem historischen Erlebnispark ohnegleichen umzugestalten, ganz am Anfang.

So betrachtet, hat die Zukunft der Ewigen Stadt eben erst begonnen.

Zeittafel

753 v. Chr.	Legendäres Gründungsdatum; Datierung *ab urbe condita*, «von der Gründung der Stadt an».
509	Der Überlieferung nach Vertreibung des letzten etruskischen Königs Tarquinius Superbus und Gründung der Republik.
um 450	Festlegung des Rechts in den Zwölftafelgesetzen; Beginn der Ständekämpfe.
387	Die Gallier erobern Rom mit Ausnahme des Kapitols.
366	Durch die Zulassung von Plebejern zum Konsulat werden die Ständekämpfe beendet; Patrizier und führende Plebejer verschmelzen zur neuen Elite der Nobilität.
264–241	Im Ersten Punischen Krieg gegen Karthago gewinnt Rom Sizilien.
218–201	Zweiter Punischer Krieg: Nach schweren Niederlagen (Cannae 216) Sieg und Expansion Roms in Spanien und Afrika.
149–146	Der Dritte Punische Krieg führt zur Zerstörung Karthagos.
133–122	Die Patrizier Titus und Gaius Sempronius Gracchus betreiben eine Landreform, die schwere innere Unruhen zur Folge hat; Beginn eines revolutionären Zeitalters, das zur Auflösung der Republik unter rivalisierenden Feldherrn führt.
104–100	Unter dem Konsulat des Marius werden die Legionen zur Berufsarmee umgebildet.
82	Eroberung Roms durch Sulla, der eine Wiederherstellung der Republik im konservativen Geist unternimmt.
63	Unter dem Konsulat des Redners und Philosophen Cicero wird die Verschwörung des Catilina aufgedeckt und niedergeschlagen.
48	Cäsar siegt bei Pharsalos gegen Pompeius und wird faktischer Alleinherrscher.
44	Cäsars Ermordung führt zu Anarchie und Bürgerkrieg.
27	Nach dem Sieg Oktavians, des späteren Augustus, über Marcus Antonius bei Actium Beginn des Prinzipats, der mit republikanischen Formen verbrämten Kaiserherrschaft.

9	Einweihung des Augusteischen Friedensaltars als Höhepunkt intensiver Baupropaganda.
64 n. Chr.	Unter Kaiser Nero Stadtbrand und Wiederaufbau.
69	Krise des Prinzipats. Nach Neros Selbstmord folgen die Kaiser Galba, Otho, Vitellius und Vespasian aufeinander; letzterer begründet die Flavische Dynastie (bis 96).
98–180	Unter den Adoptivkaisern (Trajan, Hadrian, Mark Aurel) erlebt Rom längere Phasen der inneren und äußeren Stabilität.
193	Nach der Ermordung des Commodus erneute Krise des Prinzipats (fünf Kaiser).
235–284	Soldatenkaiser: rasche Abfolge von Usurpationen, schwere Kämpfe an den Grenzen des Imperiums, vor allem an Donau und Rhein.
284–305	Diokletian stabilisiert die Herrschaft durch die Aufteilung des Reichs in zwei Ober- und zwei Unterkaiser mit jeweils eigener Hauptstadt (Tetrarchie).
312, 28. Okt.	Sieg Konstantins über Maxentius an der Milvischen Brücke; Legalisierung und Förderung des Christentums.
330	Konstantin weiht die neue Hauptstadt Konstantinopel am Bosporus ein.
366	Mit Damasus erhebt der Bischof von Rom Ansprüche auf den Primat über die gesamte Kirche.
379–395	Unter Kaiser Theodosius werden die heidnischen Kulte immer weiter eingeschränkt und schließlich verboten; bei seinem Tod wird das Imperium in eine West- und eine Osthälfte geteilt.
410	Plünderung Roms durch die Westgoten.
476	Ende des Kaisertums im Westreich.
493–554	Herrschaft der Ostgoten.
590–604	Unter Gregor dem Großen übernimmt das Papsttum unter byzantinischer Oberhoheit immer mehr Herrschaftsfunktionen.
608	Der Pantheon-Tempel wird zur christlichen Kirche geweiht.
754	Bündnis Papst Stephans II. mit Pippin III.: Das Papsttum wendet sich von Byzanz ab und den Franken zu.
Ende 8. Jh.	Fälschung des *Constitutum Constantini*, das dem Papsttum aufgrund einer Schenkung Kaiser Konstantins die Oberhoheit über das Kaisertum zuspricht.
800, 25. Dez.	Papst Leo III. krönt Karl den Großen in der Peterskirche zum Kaiser.
847–855	Papst Leo IV. lässt das Borgoviertel zum Schutz gegen sarazenische Überfälle ummauern.

962	König Otto I. aus der sächsischen Dynastie lässt sich in der Peterskirche zum Kaiser krönen.
965–1046	Verfallszeit unter den Päpsten aus der Tuscolaner- und Crescentier-Dynastie; das Papstamt wird zum Spielball römischer Adelsinteressen.
1046	König Heinrich III. lässt in Sutri drei Päpste absetzen.
1059	Die Wahl des Papstes wird alleiniges Vorrecht der Kardinäle.
1077	Gregor VII. löst in Canossa den deutschen König Heinrich IV. vom Bann.
1094	Die von Gregor VII. gegen Heinrich IV. zur Hilfe gerufenen Normannen plündern Rom.
1143/44	Die römische Stadtgemeinde *(comune)* tritt erstmals in Erscheinung.
1167	Kämpfe zwischen Kaiser Friedrich Barbarossa und Papst Alexander III. bei Rom.
1198–1216	Unter Innozenz III. wird Rom zum Zentrum der europäischen Politik.
1241	Erste Einschließung der Kardinäle zur Papstwahl.
1300	Das von Bonifaz VIII. ausgerufene erste Heilige Jahr bringt zahlreiche Pilger nach Rom.
1309	Clemens V. verlegt die päpstliche Residenz nach Avignon.
1347	Der Tribun Cola di Rienzo ruft die römische Republik aus.
1377	Gregor XI. kehrt nach Rom zurück.
1378	Großes abendländisches Schisma: Spaltung der Kirche unter zwei, ab 1409 sogar drei Päpsten.
1420	Nach Absetzung bzw. Rücktritt der drei rivalisierenden Päpste auf dem Konzil von Konstanz trifft der neu gewählte Martin V. in Rom ein.
1434	Machtkämpfe mit der Stadtgemeinde treiben Eugen IV. ins Exil nach Florenz (bis 1443).
1471–1484	Unter Sixtus IV. Errichtung der Sixtinischen Kapelle, Bau neuer Straßen und der Tiberbrücke Ponte Sisto.
1494	König Karl VIII. von Frankreich zieht auf dem Weg zur Eroberung Neapels in Rom ein; die ursprünglich geplante Absetzung Alexanders VI. unterbleibt aus politischen Gründen.
1506, 18. April	Julius II. legt den Grundstein für den Neubau der Peterskirche.
1527, 6. Mai	Sacco di Roma: Plünderung Roms durch das Heer Karls V.
1545–1563	Das Konzil von Trient leitet die katholische Reform ein.

1555	Unter Paul IV. werden die Juden im Ghetto eingeschlossen und vielfältig diskriminiert.
1586	Aufrichtung des Vatikanischen Obelisken unter Sixtus V., der zahlreiche Plätze und Straßen neu gestaltet.
1623–1644	Unter Urban VIII. gesteigerter Kulturglanz und Beginn des Machtverlusts im Dreißigjährigen Krieg.
1648	Hungersnot als Folge von Nepotismus und aufwendigen Bauten.
1676	Beginn strenger Reformen unter Innozenz XI.; die finanzielle Sanierung hat das Ende der barocken Großbauten zur Folge.
1700–1721	Unter Clemens XI. sinkt das Papsttum politisch und militärisch zum Spielball der Großmächte ab.
1773	Aufhebung des Jesuitenordens durch Clemens XIV.
1798, 15. Febr.	Ausrufung der Republik unter dem Schutz französischer Truppen.
1799–1814	Im Zeitalter Napoleons steht Rom überwiegend unter französischem Einfluss; erzwungene Modernisierungen in Wirtschaft und Verwaltung.
1849	Radikale Revolution unter Führung Giuseppe Mazzinis.
1870, 20. Sept.	Die Truppen des 1861 unter piemontesischer Führung geeinten Königreichs Italien erobern Rom; in der Folgezeit wird Rom rasch zur italienischen Hauptstadt ausgebaut.
1922	Benito Mussolini, der Führer der Faschistischen Partei, wird nach dem «Marsch auf Rom» italienischer Ministerpräsident; bis 1926 werden Diktatur und Terrorherrschaft ausgebildet.
1929, 11. Febr.	Die Lateranverträge begründen den Vatikanstaat.
1940, 10. Juni	Italien tritt an der Seite des nationalsozialistischen Deutschland in den Zweiten Weltkrieg ein.
1943	Im September besetzen deutsche Truppen Rom; Verfolgung und Deportation der römischen Juden, Terror gegen politische Oppositionelle.
1944, 5. Juni	Die alliierten Truppen befreien Rom.
1960	Für die Ausrichtung der Olympischen Sommerspiele werden neue Straßen und Stadtviertel errichtet.
2000	Starker Pilgerandrang im Heiligen Jahr.
2005	Das Begräbnis Johannes Pauls II. und die anschließende Wahl Benedikts XVI. ziehen Hunderttausende nach Rom.

ROM
Das historische Zentrum heute

Villa Albani
Viale Regina Margherita
Via Nomentana
Villa Torlonia
Museo Borghese
Via Pinciana
Salario
Via Nomentana
Corso d'Italia
Torto
Pta. Pinciana
Via Piave
Pta. Pia
Viale del Policlinico
V. G. B. Morgagni
V. Bari
Via Catania
V. Vitt. Veneto
Via XX Settembre
Viale Regina Elena
Palazzo Barberini
National-museum
S. Maria degli Angeli
Universität
S. Lorenzo
Via Quirinale
Via Nazionale
V. A. De Pretis
Via Cavour
Staz. Termini
Via Marsala
TIBURTINO
Via Tiburtina
S. Maria Maggiore
MONTE VIMINALE
Via Giovanni Giolitti
Pta. S. Lorenzo
Via C. Alberto
Augustus-Forum
Via Cavour
V. d. Annibaldi
Via Merulana
Viale Manzoni
Fori Imperiali
Trajansthermen
Pta. Maggiore
Via Labicana
Kolosseum
S. Clemente
Via di S. Gregorio
Via Claudia
S. Giovanni in Laterano
Pta. S. Giovanni
S. Stefano Rotondo
Via dell'Amba Aradam
Piazza di Porta Capena
MONTE CELIO
V. delle Terme
Pta. Metronia
Via Tuscolana
Via Druso
Via Gallia
Caracalla-Thermen
Caracalla
Via Gallia
Pta. Latina
Piazza Zama
Pta. Adreatina
Pta. Sebastian

Literaturhinweise

F. Bartoccini: Roma nell'Ottocento. Il tramonto della «Città Santa». Nascita di una capitale, Bologna 1985.

R. Brentano: Rome before Avignon. A social history of thirteenth century Rome, Berkeley 1990.

K. Bringmann: Geschichte der römischen Republik. Von den Anfängen bis Augustus, München 2002.

A. Caracciolo: Roma capitale. Dal Risorgimento alla crisi dello stato liberale, Roma 1998.

M. Chiabo (Hg.): Alle origini della nuova Roma. Martino V (1417–1431), Roma 1992.

K. Christ: Die römische Kaiserzeit von Augustus bis Diokletian, München 2001.

J. Delumeau: Rome au XVIe siècle, Paris 1975.

V. Elm: Die Revolution im Kirchenstaat, Frankfurt am Main 2002.

M. Formica: La città e la rivoluzione. Roma 1798–1799, Roma 1994.

S. Gensini (Hg.): Roma capitale (1447–1527), Roma/Pisa 1994.

G. Gross: Rome in the age of Enlightment. The post-tridentine syndrome and the ancient regime, Cambridge 1990.

E. Hubert (Hg.): Espace urbain et habitat à Rome. Du Xe siècle à la fin du XIIIe siècle, Roma 1990.

A. Karsten: Gianlorenzo Bernini. Der Schöpfer des barocken Rom, München 2006.

F. Kolb: Rom. Die Geschichte der Stadt in der Antike, 2. Aufl. München 2002.

R. Krautheimer: Rome. Profile of a city. 312–1308, Princeton 1980.

V. Reinhardt: Der unheimliche Papst. Alexander VI. Borgia 1431–1503, München 2005.

V. Reinhardt/M. Sommer: Rom. Geschichte der Ewigen Stadt, Darmstadt 2008.

R. Schiffmann: Roma felix. Aspekte der städtebaulichen Gestaltung Roms unter Sixtus V., Bern 1995.

G. Seibt: Rom oder Tod. Der Kampf um die italienische Hauptstadt, Berlin 2001.

C. L. Stinger: The Renaissance in Rome, Bloomington 1985.

M. Thumser: Rom und der römische Adel in der späten Stauferzeit, Tübingen 1995.

J. B. Ward-Perkins: The fall of Rome and the end of civilization, Oxford 2005.

P. Zanker: Augustus und die Macht der Bilder, 4. Aufl. München 2003.

Nachweis der Karten und Abbildungen

S. 28, 34: aus: R. Krautheimer, Rom. München: Beck, 1987; *S. 77:* aus: L. Fiorentino, Il ghetto racconta Roma. Rom: Edizioni Associate, 1997 (disegno di M. Masciotta); *S. 89:* aus: R. Krautheimer, The Rome of Alexander VII. Princeton University Press, 1985; *S. 82:* akg; *S. 103:* bpk/Petersdom, Rom/Scala; *alle anderen Karten:* Verlag C. H. Beck

Personenregister

Bf. = Bischof, Hz. = Herzog, Krd. = Kardinal, Kg. = König, Ks. = Kaiser, Fam. = Familie, P = Papst